노|년
연|가

백세시대
자화상이자
희망서

老年戀歌

| 나이 듦에 대한 현실 담론 |

李 沁 글 모음집

주식
회사 **주택문화사**

목차

1장   비움·수용·원숙

추천의 글

그동안 우리 사회가 노년세대를 바라봤던 접근 방식에 아쉬운 마음이 듭니다. 노인은 항상 '문제' 일 때 하나의 대상으로 취급되었고, 한 사람의 오롯한 존재로 이해되거나 존중받는 사회문화는 미흡했다는 생각에서입니다.

당연히 노년에 대한 담론도 부재했습니다. 분명한 것은, 노인 '문제'가 아닌 '존재'로 관점을 전환하지 않으면 노년의 삶과 문화를 논하기 어렵습니다. 그래서 이번에 이 심 선생이 출간한 [老年戀歌]가 '존재'로서 노인의 자화상과 희망을 충실히 담고 있는 만큼 더없이 반갑고, 고맙습니다.

생의 종착지가 아닌 새로운 출발점으로, 불안과 우울이 아닌 희망으로 삶의 방향을 전환하자는 그의 글에는 힘이 넘칩니다. 그리고, 팔십의 세월을 넘은 오랜 철학적 사유를 바탕으로 노인복지 최일선에서의 생생한 경험과 현실적인 고민을 가감 없이 끄집어냅니다.

그렇습니다. 삶의 노련함이 무르익은 노년이야말로 청춘을 뛰어넘는 가능성의 시기이며, 또 다

老年戀歌

른 생의 시작입니다. 그가 짚어주는 노년의 삶과
배움, 나이 듦에 대한 깊은 사색, 노익장 분투기,
실질적인 노인복지 아이디어는 새로운 삶을 준비
하는 노인들은 물론 모든 세대에게 가슴 뛰는 메
시지와 깊은 성찰을 전합니다. 이로써 지금까지
타자화되어 있던 노년문화가 주체적인 관점으로
전환되는 물꼬가 되기를 진심으로 기대합니다.

2020년 1월

이화여자대학교 명예석좌교수
이 어 령 *이어령*

흔히 풍요의 계절 가을을 노년에 비유합니다. 삶의 연륜이 다분히 쌓인 나이, 살아온 세월이 단단하게 응집된 시기라서 그런지 모르겠습니다. 잘 익은 곡식이 좋은 맛과 영양을 선사하듯 농익은 삶 또한 우리에게 든든한 자양분이 되어 줍니다.

인생에 기승전결이 있다면, 가장 빛나고 찬란한 순간은 역시나 열정 가득한 청춘일 겁니다. 그러나 변치 않는 진리는 어느 누구도 그 절정에서 내려와야 한다는 사실입니다. 사그라지는 것만

같은 아쉬움이 남지만, 역시나 인생에서 두 번 다
시없을 소중한 시간들입니다.

지난날의 영광이 아무리 크고 빛나더라도 다
시 돌아오지 않습니다. 과거를 추억하며 흘러간
시간을 하염없이 바라보기보다 현재를 충실히
살아가는 것이 의미 있는 삶이지 않을까요. 비록
미흡함이 있더라도 하나 둘 쌓아가는 삶의 경험
치를 마주하는 일은 추수철 농부의 마음처럼 충
만합니다.

이 시대 '노인'을 위한 글을 한데 모아봤습니
다. 고령화 사회를 넘어 초고령화 사회로 접어들

노년연가

고 있는 시점에, 현실적인 노년의 실제와 희망을 짚어보고 대변하고 싶었습니다. 감사하게도 대한노인회 중앙회장을 연임하면서 많은 현안들의 목소리를 들었습니다. 그 고민들이 쌓여 하나 둘 기록하고 써내려간 내용들을 추리다보니 작은 책이 되었습니다. 이 책으로 인해 노년의 삶에 용기를 북돋우고, 관심과 응원이 모아지는 작은 계기가 되기를 희망합니다.

2020년 1월

이 심

비움

수용

1장

원숙

흔히 노년을 황혼黃昏에 비유한다. 한낮에 작열하던 태양이
지평선 너머로 사라져 가는 시간, 이 또한 우리에게 주어진
둘도 없는 삶이다.
노년기에 접어들어 지난날을 돌이키며 후회하기 보다는
추수를 끝낸 풍요로운 들판처럼 넉넉히 생을 받아들인다.
사소한 일상에도 감사함을 느끼는, 잘 익은 마음의 행복을
글로써 채워 나간다.

삶에 가장
지혜로운 시점, 노년

생명이 있다면 늙기 마련이다. 흔히 늙음을 '죽음'의 전 단계로 인식해서인지 부정적인 의미를 씌우곤 한다. '탄생'과 마찬가지로 '죽음'은 생명체가 가지는 속성이자 운명의 최종 단계이다. 세상의 모든 것들이 없어지지 않고, 새로이 태어나기만 한다면 이보다 더 큰 문제는 없다. 죽음이란 우리가 생명체라는 증거이며 반드시 거쳐야 할 결말이다.

그렇다면 '늙음'이란 개념은 무엇인가? 죽음과

의 연결 고리로 인해 그늘이 드리워진 의미로 받아들일 수밖에 없는 것일까. 세상을 떠남에 대해 다른 개념의 이해가 필요하듯 노년에 대해서도 보다 자연스러운 시각이 필요하다.

'老'라는 글자는 '익숙하다', '노련하다', '덕이 높다'라는 뜻을 함께 내포한다. 그래서 경험을 많이 쌓고 세상사에 통달한 사람을 '노수老手'라고 일컫는다. 노작가老作家, 노교수老教授, 노병老兵 모두 그렇게 생겨난 말들이다. 고량주 가운데서도 최고급품을 노백주老白酒로, 몇 대를 이어온 유명한 가게를 '노포老鋪'라 칭한다.

색깔도 마찬가지다. 붉은색 가운데 진짜 붉은 진홍색은 노홍老紅이라 부르고, 푸른색도 진록색은 노록老綠이라 부른다. 이렇듯 늙음의 개념을 결코 쇠퇴와 동의어로 받아들일 이유가 없다. 늙음 그 자체는 한편으로 가치를 품는다. 인생의 깊이, 세상의 이치, 학문의 묘미妙味도 나이가 들면 들수록 제대로 깨닫게 된다.

늙음이라는 명제가 품고 있는 가치

사랑 역시 젊은이들만의 전유물은 아니다. 젊어서의 사랑이 불타오르는 뜨거운 정념이라면, 노년의 사랑은 편안한 안식을 전하는 노을과도 같다. 가치가 다름을 틀렸다고 말할 수 없듯, 젊은이의 사랑만으로 쏠리는 시선은 온당치 못하다. 오히려 수많은 시간을 겪어 낸 후의 사랑에는 깊은 배려와 성숙한 교감이 느껴진다.

'늙음'을 '성숙'으로 받아들인다면, 이는 삶이라는 에너지의 응축이다. 삶의 경험과 노하우가 최고조에 이르러 가장 지혜로운 시점, 바로 늙음의 가치이다. 젊음의 패기와 용기, 도전이 하나의 미덕이라면 신중과 배려, 설득과 중재의 가치는 또 다른 선이다. 우리 사회가 큰 불행 없이 발전해 나가려면 이런 두 가지 요소가 잘 어우러져야 하지 않을까. 획기적인 변화는 발전을 위한 조건이지만, 무게감 있는 진중함은 안정적인 평온을 유지하는 힘이다.

평균수명이 높아지면서 우리가 노년기라고 부르는 시간도 늘어났다. 나이가 들어 노화가 오는 것을 한탄할 명분도, 거부할 이유도 없다. 자연스럽게 노화를 받아들이고, 절기에 따라 옷을 갈아입듯 감내하자. 그리고 새로운 가치를 발굴해 '늙음'에 대한 고정관념에서 벗어나자. 물론 점점 부자연스러워지는 육체의 노쇠는 안타깝지만, 실로 가치 있는 지혜가 주어지지 않는가 말이다.

늙은 동물은
무리에서 어떻게
살아갈까?

오늘날 우리 사회는 어르신을 공경해야 한다는 도덕적인 당위와 존경할 만한 노인이 없다는 볼멘 현실 사이에 놓여 있다. 심지어 노인에 대한 배제와 혐오의 목소리도 들린다. 이 대목에서 필자는 다소 엉뚱한 생각을 가져 본다. 이성을 지닌 인간세계에서 노인을 짐스럽게도 생각하는데, 하물며 무정한 자연세계에서 노쇠한 동물은 과연 어떻게 살아갈까?

물론 이성적인 사고를 지닌 인간을 동물에 비교하는 게 억지스러울 수도 있다. 그런데 많은 사람들의 짐작과 달리 동물학자들은 동물 역시도 인간 못지않은 충분한 감정과 정서가 있으며, 윤리적인 사고가 가능한 존재라고 강조한다. 캐나다 원로 동물학자인 앤 이니스 대그Anne Innis Dagg는 그의 저서 〈동물에게 배우는 노년의 삶〉에서 이를 여실히 증명한다.

종전에 노쇠한 동물에 대한 연구가 많이 이뤄지지 않은 탓인지 이 책에 소개된 내용 상당수는 일화를 중심으로 한다. 70세를 넘긴 저자는 한 동물의 행동이 그 종을 모두 대표할 수 없다고 주의를 환기시키지만, 다채로운 내용 덕분에 지루할 틈 없이 다양한 늙은 동물의 세계를 속속들이 들여다볼 수 있다.

동물도 늙은 개체 존중하는 '윤리' 있어

결론적으로 좀처럼 먹이를 구하기 힘든 자연에서 '노쇠하고 쓸모없는 구성원은 철저하게 배제당할 것'이라는 통념은 잘못되었다. 단적인 예로 남아프리카공화국에서 젊은 수컷 코끼리들이 난동을 부리고 관광객에게 해를 끼친 사건이 있었다. 원인을 조사해 보니 코끼리 개체 수를 조절한다며 늙은 코끼리를 당국에서 무리하게 도태시킨 게 발단이었다. 코끼리 무리는 암컷과 새끼로 이루어지기에 우두머리 암컷이 '가모장'으로서 무리를 이끈다. 가모장의 경험과 지혜가 없으면 코끼리 무리는 먼 거리를 이동하며 물과 먹이를 찾지 못한다.

고래도 늙은 가모장이 무리를 이끈다. 늙은 범고래는 휴식을 취할 장소나 연어가 다니는 길로 무리를 안내하고 사냥 전략이나 이웃 고래 집단의 방언 등 평생 얻은 지식을 전수한다. 또한 어미들이 물고기를 잡으러 깊은 물속으로 떠나면 대신 새끼를 돌보는 보모 노릇을 자처한다.

늙은 동물은 무리의 수호자 역할을 하는 경우도 있다. 젊은 종에게 구박을 받으면서도 위험이 닥치면 맨 앞에 나가 무리를 지킨다. 한때 우두머리였어도 시간이 흘러 낮은 지위로 내려가는 것을 달게 받아들인다. 저자는 늙은 동물이 오랜 세월을 살며 풍부한 경험을 쌓은 덕에 무리의 생존에 이바지할 수 있다고 설명한다.

너무 늙어서 임무를 다하지 못하면 무리의 중심부에서 밀려나기도 한다. 그렇다고 몰락하는 개체가 아무런 쓸모가 없는 것도 아니다. 늙은 개코원숭이 수컷은 보초 노릇을 하고, 늙은 수컷 늑대는 호전적인 젊은 수컷 두 마리 사이에서 노련

고래 무리는

늙은 가모장이 이끈다.

노쇠한 범고래는 휴식을

취할 장소나 연어가 다니는

길로 무리를 안내하며,

사냥 전략이나 이웃 고래

집단의 방언 등 평생 얻은

지식을 전수한다.

한 중재자 역할을 한다. 동물들은 생애 막바지에 이르면 지도력, 번식, 싸움, 사회생활에 흥미를 잃고 휴식과 여유를 찾는데, 열정이 소진된 늙은 동물이 구심점이 되면 그 무리는 훨씬 느긋하다는 것이다.

늙은 동물은 잉여의 존재가 아니다. 저자의 말처럼 "동물이 오히려 인간보다 슬기롭게 노년을 헤쳐 나가고 있는지도 모른다"는 생각마저 든다. 세상은 예나 지금이나 같은 일과 현상들이 되풀이 되는데, 우리 사회는 노인들이 자신의 경험과 지혜를 효과적으로 전수하고 나눌 수 없는 구조로 변해버렸는지 모른다. 노인들의 역할이 제대로 작동되고 존중받는 것은 결국 우리 자신을 위한 일이다.

영화 〈인턴〉에서
그려지는
관계의 법칙

누구나 사회적 관계를 맺고 살아간다. 세월의 깊이만큼 사회관계의 어려움과 기쁨, 고통, 갈등, 행복을 두루 경험하게 된다. 새삼 '사람과의 관계'에 대해 생각하다보면 최근에 인상적으로 본 영화 한 편이 떠오른다. 연기파 배우인 로버트 드 니로, 앤 해서웨이 주연의 〈인턴〉이라는 영화이다. 2015년에 개봉해서 세대를 불문하고 고르게 사랑을 받았는데, 보는 내내 흐뭇했던 기억이 생생하다.

영화 줄거리는 이렇다. 로버트 드 니로가 은퇴 후 회사에 다시 입사하는 70대 인턴사원 '벤'으로 분한다. 그가 입사한 온라인 쇼핑몰의 성공한 대표 '줄스'는 앤 해서웨이가 연기한다. 고령 인턴을 뽑아야만 한다는 사회적 방침에 따라 70세 은퇴자 벤이 인턴으로 채용되지만, 줄스는 굳이 늙은 인턴과 일하고 소통할 필요성을 느끼지 못한다.

그런 와중에 줄스에게 이런저런 난관과 위기가 연달아 닥친다. 이때 벤의 오랜 직장 연륜과 침착함이 빛을 발하고 줄스에게 큰 도움이 된다. 뿐만 아니라 직원들 역시 이상할 정도로 벤을 따른다. 연애 고민과 같은 내밀한 속내를 털어놓을 정도다. 물론 영화 스토리이지만, 수십 년 나이 차이에도 불구하고 70대 인턴 벤이 인기 만점 동료가 된 비결은 뭘까?

우선, 자기관리를 잘 한다. 보통 은퇴하면 생활이 흐트러지기 쉽다. 벤은 부인과 사별한 뒤에도 혼자서도 생활 리듬을 잘 유지하는 규칙적인 생활상을 보인다. 인턴이 돼서도 늘 깔끔한 옷차림과 매너를 유지한다. 눈물 흘리는 여성에게 "여자가 울 때의 필수품"이라며 깨끗한 손수건을 척하고 내주는 인물이다. 온화한 벤은 단지 얼굴 표정만 그런 것이 아니라 사람을 대하는 태도며 행동들이 부드럽고 편안하며 여유가 넘친다.

나이 많다고 유세 떨지 않는다. 연륜과 직장 경력만 보면 그 누구 못지않은데 절대 나서는 법 없이 한 걸음 뒤에서 인턴의 본분을 다한다. 필요 이상으로 참견하지 않고 뒤에서 알아서 도우며 궂은 일도 묵묵히 처리하니 인기남이 될 수밖에.

섣불리 충고하는 일도 없다. 너무 일에 치중한

나머지 가정이 깨질 위기에 처한 줄스는 대표 자리에서 물러나고자 고민한다. 이때도 벤은 그저 옆에서 자리를 지켜줄 뿐이다. 대신 진정한 격려와 응원으로 사면초가에 빠진 줄스에게 힘을 북돋워 준다.

가만히 새겨 보면 영화는 우리에게 필요한 '관계의 법칙'은 물론 이를 잘 풀어나가는 방법 모두를 함께 전한다. 주위 사람들과 관계가 원만하면 다름 아닌 나 자신부터 스트레스를 덜 받고 행복해진다.

세상에서 제일 어려운 게 남을 바꾸는 일이다. 반면, 내 마음 바꾸기는 상대적으로 쉽다. 관계 속에서 나 자신부터 바꿔나가면 작은 차이로 인해 삶은 크게 달라질 것이다.

고령자 운전면허
갱신주기를
단축하라

　과거 사단법인 대한노인회 중앙회장으로 8년 동안 일했다. 노인의 권익을 보호하고 복지를 넓히는 것이 주된 업무였다. 그럼에도 불구하고 노인의 권리를 스스로 제한하는 정책 추진도 주저하지 않았다. 노년세대가 무조건 사회로부터 보호받기 보다는 당당히 사회의 한 축으로 자리매김하기 위함이었다.

　물론 신체의 노화를 감안하여 노인을 더 많이 배려하고, 살뜰히 보살펴야 마땅하다. 그런데, 늙음으로 인해 포기해야 할 권리는 그대로 주장하면서 사회적인 뒷받침만 바라고만 있는 것은 아닌지 살펴볼 일이다.

몇 해 전, 아내와 함께 자동차 운전면허를 갱신하러 간 일이 있다. 운전하는 사람이라면 공감할 만한 일인데, 5년마다 한 번씩 돌아오는 운전면허 갱신이 괜스레 성가실 때가 있다. 멀쩡히 운전을 잘하고 있는 사람을 왜 오라 가라 해서 시간과 비용을 낭비하게 만드나 싶어서다. 게다가 그 갱신이라는 절차가 별다른 운전 능력 테스트가 아닌 요식행위처럼 보이니 말이다. 실제 채 5분도 되지 않는 검사를 마치고 새롭게 운전면허를 갱신 받고 나왔다. 과연 이게 올바른 것일까?

스스로의 제한, 사회선을 행하는 일
자동차는 현대 생활에 없어서는 안 될 문명의

이기利器며 노인의 이동권과도 관련이 깊다. 반면 타인의 생명을 위협할 수도 있기에 각 나라들은 면허제로 그 자격을 엄격하게 관리하고 있다. 젊어서 멀쩡히 잘 운전하던 사람도 고령화에 따라 어느 순간 운전능력을 상실하기도 한다. 평생 운전을 업으로 해왔던 사람일지라도 눈의 노화, 청력의 약화, 반응속도의 둔화 등, 운전에 적절치 못한 변화가 한 순간에 온다.

일반 운전자들의 운전면허 갱신을 좀 더 철저하게 관리해야 함은 물론이고 특히나 노년층의 운전능력에 대한 정기적인 테스트 역시 매우 중요하다. 대한노인회는 지난 2016년 7월 이사회를 개최하여 비사업용 차량의 70세 이상 운전자는 75세까지 3년마다, 75세 이상은 2년 마다 운전면허를 갱신하자고 결의했다. 특히 사업용 차량은 다수의 생명을 책임진다는 점에서 70세부터는 매년 적성검사를 받아야 한다고 주장했다.

사실 이런 주장은 운전을 생업으로 하는 노인들의 반발을 가져올 것이 뻔한 사안이었다. 이를 잘 알기에 누구도 함부로 나서서 말하지 못했다. 적성검사를 받는 일은 불편하고 성가시지만, 제도의 강화로 인해 오히려 노년층의 운전 능력이 결코 떨어지지 않다는 것을 입증하는 계기가 될 수도 있다.

노년세대가 도움 받을 만한 사항은 당당하게 받자. 대신 노인이 부정할 수 없는 약점에 대해서는 솔직하게 밝히고 스스로 권리를 제한하는 자세도 필요하다. 우리 노인은 이 사회에 '얹혀사는' 존재가 아니라 사회를 '함께 이루는' 존재이니 말이다.

'의존적 존재'가
아닌 '독립적 존재'

그리스 철학자 디오게네스는 주변에서 '늙었으니 이제는 편히 쉬라'고 말하자 이렇게 반문했다. '만일 내가 경기장에서 달리기를 한다면 결승점 가까이 가서 속도를 늦추는 것이 좋겠소, 아니면 온힘을 다해 질주하는 것이 좋겠소?'

세계적인 축구감독인 맨체스터 유나이티드 알렉스 퍼거슨 역시 은퇴시기를 묻는 질문에 '은퇴는 보다 젊은 사람들이 하는 것이다. 늙어서 은퇴하면 무슨 일을 할 수 있는가? 나는 은퇴하기에 너무 늙었다. 건강이 허락할 때까지 은퇴는 없다'고 답했다.

　노인에 대한 인식이 바뀌고 있다. 아니, 바뀌어야만 한다. 고령화 문제는 이제 세계적인 화두이다. 이를 풀기 위해서는 두 가지 해결책이 있다. 하나는 사람들을 늙지 않게 만드는 것이고, 다른 하나는 노인에 대한 개념을 바꾸는 일이다. 현재의 과학기술 수준으로 전자는 불가능하다. 아니, 실현된다고 하더라도 엄청난 문제가 닥칠 것이 분명하다. 결국 해결책은 두 번째 방안, 노인이라는 개념의 재정립이다.

　노인에 대한 기준은 과거와 달리 뚜렷한 차이를 보인다. 평균 수명이 40대에 불과했던 조선시대에 60세가 되면 회갑연이라는 잔치를 벌였다. 오래 사는 노인이 많지 않았던 사회에서 장수를

老年戀歌

축하하는 연회이다. 그런데, 요즘 세상에 회갑연을 여는 이가 있다면 그다지 고운 눈초리를 받지 못할 일이다.

현재 우리나라에서 노인으로 규정하는 나이는 65세이다. 그 나이조차 노인 대접을 받을라치면 선배 어르신들로부터 호통받기 일쑤다. 이미 70대, 80대, 90대 노인들이 수두룩한 가운데 60대는 경제적, 신체적, 정신적으로 아직은 노쇠하다고 보기 어렵다. 단지 나이만을 문제 삼을 게 아니라 인식도 중요하기 때문이다.

한국 사회에선 노인은 왠지 힘없고, 병들고, 무기력하다는 선입견이 강하다. 노인이라는 단어에서 풍기는 부정적인 이미지를 걷어내고자 하는 움직임도 있었다. 실버, 연장자, 어르신, 시니어 등 다른 호칭을 쓰기도 하고, 아예 노인이란 단어를 대체할 수 있는 우리말을 찾자고 주장하는 학자도 있었다.

프랑스의 중세사 연구자인 조르주 미누아는 '노년의 역사'라는 저서를 통해 서양사에서 시대별로 노인이 어떻게 인식돼 왔는지 되짚었다. 결론부터 말하면, 모든 시대를 통틀어 노인을 '있는 그대로' 인식한 경우는 없었다. 부정적인 인식이 훨씬 강했다.

부정적인 인식과 이미지 탈피해야

지금의 세계는 역사상 유례가 없었던 '노인의 시대'다. 인구 고령화가 심화되면서 전체 인구에서 노인이 차지하는 비율이 높아졌다. 노인의 신체적 능력이나 경제적 능력, 학식 등 이전의 노인과는 대비되는 '슈퍼 노인'의 비율 역시 엄청나다.

이런 상황에서 노인을 어떤 편견이나 선입관 없이 '있는 그대로' 받아들이는 노력이 시급하다. 노인을 '의존적 존재'가 아닌 '독립적 존재'로 인식해야 한다. 그래서 '노인은 사회를 책임지는 계층'이라는 캐치프레이즈는 대한노인회 중앙회장 임기 내내 줄기차게 강조했던 어젠다이다.

고령화를 '경제적 재앙'으로 규정하는 의식도 경계 대상이다. 고령화 사회에 대한 오해가 분명하다. 젊은 사람 2명이 노인 1명을 부양해야 한다며 '세대 갈등'을 조장하는 주장이 대표적이다. 몇 가지 통계만 살펴봐도 당장 오류가 발견된다. 통계청의 2014년 사회통계 조사결과에 따르면, 노인단독세대가 42.7%(1994년)에서 57.7%로 크게 늘었다. 자산소득자는 10.5%에서 15.4%로, 연금소득자는 2.9%에서 21.4%로 10배 가까이 많아졌다. 노인이 점차 경제적 독립을 이루고 있음을 알려주는 객관적인 통계 지표이다.

노인을 젊은 세대가 온전히 부양해야 한다는 것은 가능하지도 않고, 바람직하지도 않다. 경제 활동 인구와 노인 인구를 단순히 대비하는, 현실과 동떨어진 산술적 셈법으로 노인에 대한 이미지만 흐려놓을 뿐이다.

노인의 능력이 신장된 만큼 '부양받는' 이미지로부터 과감히 탈피해야 한다. 건강하고 능력 있는 노인들이 넘쳐난다. 언제까지 이들을 사회의 노동 영역에서 소외시키고, 몇 십년간 쌓아온 삶의 경험을 그냥 사장시키려 하는가.

대한민국이 '한강의 기적'을 이뤄낸 가장 큰 원동력은 바로 사람이었다. 우리는 넓지 않은 땅덩이에 자원도 부족한 산지가 대부분인 작은 반도 국가였다. 열강 속에서 세계 10위권 경제대국으로 발돋움한 저력은 결국 우리나라 국민들의 뛰어난 능력 덕분이었다.

'사람'을 제대로 활용하지 않고서는 대한민국의 미래는 없다. 자라나는 세대에 대한 교육 강화와 지원도 중요하지만, 기존 세대를 이루는 인구의 제대로 된 활용도 더없이 중요하다. '쓸 만한' 노년층을 그저 부양받는 존재로 주저앉히지 말자. 이들이 가진 수많은 노하우를 통해 대한민국을 발전시키고, 사회를 책임지는 주체로 자리매김하기를 기대한다.

마하티르 총리와
김형석 교수의
노익장老益壯

93세인 마하티르 모하맛 전 말레이시아 총리가 2018년에 치러진 총선에서 현 총리를 누르고 다시 집권하면서 세간의 이목을 집중시켰다. 22년 동안 말레이시아를 통치한 뒤 정계를 은퇴했던 마하티르 총리가 부패 척결과 민생경제 해결이라는 명분을 내세워 총리직에 복귀한 것이다.

2003년 당시 78세에 총리에서 물러난 지 무려 15년 만의 일이다. 1981년에 처음으로 권력을 잡은 마하티르 총리는 한국과 일본의 경제 개발을

모델로 삼은 '룩 이스트Look East' 정책으로 말레이시아의 산업화를 성공적으로 이끌었던 인물이다. 퇴임 후, 조용히 노후를 보내던 그는 후계자인 총리가 나랏돈을 빼돌리는 스캔들에 연루되자 퇴진 운동의 전면에 나서면서 다시 정치계에 등장했다.

'최고령 총리'로 다시 집권한 마하티르

세계 현대정치사에 93세인 고령의 정객이 정권을 다시 거머쥐는 흔치 않은 역사로 남을 듯싶다. 그와 같이 생물적 연령을 거스르는 이들을 가리켜 흔히들 '노익장老益壯'이라는 표현을 쓴다. 이 한자는 실은 중국 고사 속의 주인공인 '마원馬援'이라는 인물에서 비롯된다.

지금으로부터 2,000년 전, 마원은 동한東漢의 명장으로 반평생을 전쟁터에서 보낸 매우 뛰어난

늙어감에는 나름 처연한
미학이 있다. 부풀렸던
욕심을 줄이고, 벌렸던
관심사의 축소가 필요하다.
단단한 결실로 원숙함을
선보이고, 남과 나누는
배풂의 미덕도 요구된다.

老年戀歌

장수였다. 그를 표현하는 말이었을까. 〈후한서後漢書〉에 "窮當益堅 老當益壯 [궁핍할수록 더욱 견고해지며, 나이 먹을수록 더욱 강해져야 한다]" 이라는 기록이 원전으로 전해지는데, 그 뜻에 대한 해석이 조금은 다르다.

우리가 통상적으로 사용하는 '노익장'이라는 말은 나이 들어서도 왕성한 능력과 자태를 뽐내는 사람에게 쓰는 찬사에 가깝다. 그러나 원문의 본뜻은 '궁핍한(窮) 상황에 놓이더라도 마땅히(當) 더욱(益) 단단해지고(堅), 나이 들어서도(老) 마땅히(當) 더(益) 왕성하게(壯) 가다듬어야 한다'는 의미이다.

더욱이 원래 이 두 마디 앞에는 "丈夫爲志 [사내가 뜻을 다짐에 있어서는…]"이라는 전제가 놓여 있었다. 따라서 노익장에 대한 원문이 품은 올

노년연가

바른 의미는 바로 '마음가짐'에 대한 권유로 여겨진다. 결국, 늙더라도 마음만은 젊게 유지하라는 말과 일맥상통한다.

마하티르 총리 역시 한 인터뷰에서 늘 정신적으로 깨어 있고, 활동을 게을리 하지 않았음을 최고의 건강 비결로 꼽았다. 2003년 앞선 총리직에서 물러난 뒤, 불과 얼마 전까지도 매일 사무실에 출근해 꾸준히 활동을 펼쳐왔다. 그는 "나는 은퇴했다고 생각하지 않는다"며, "잠이나 푹 자고 싶다든가, 은퇴해서 내세를 준비한다는 말은 내게는 도리어 이기적으로 들린다"는 그의 노익장에 엄지손가락을 치켜세워 줄 만하다.

삶은 늙어가는 것이 아니라 익어가는 것

흔히들 지금을 '백세시대'라고 말한다. 정말 백년을 산다면 인생은 또 어떻게 달라질까. 그러나 빠르게만 흘러가는 세상살이에 기대되고 설레기보다는 왠지 불안하고 허둥대기 바쁘다. 왜 사는가, 무엇을 위해 어떻게 살 것인가, 무엇이 행복인가, 삶에 주어진 질문도 여전히 막막하다.

이러한 때, 연세대 김형석 명예교수의 삶을 관통하는 지혜와 철학적 사유를 담은 저서인 『백년을 살아보니』를 읽었다. 1920년생인 그가 96세 나이에 8개월 동안 매일같이 손글씨로 써서 내놓은 책이다. 김형석 교수는 대한민국 철학계의 1세대 교육자로 연세대 철학과에서 30여 년간 후학을 가르치고, 미국 시카고대와 하버드대에서 연구교수를 역임한 철학자이다. 백수白壽를 바라보는 고령임에도 불구하고 지금까지도 젊은 학자 못지않게 활발한 집필과 강의 활동을 펼치고 있는 걸 보면 놀라울 뿐이다.

저서에서 그는 살아온 인생을 돌이켜 깨달은 삶의 실타래를 담담하고 나지막한 소리로 풀어낸다. 굳이 철학적인 용어를 쓰지 않으면서도 철학을 일깨우고, 신학적인 해설이 아니더라도 깊은 종교관의 울림을 전한다. 책을 통틀어 가장 인상적인 부분은 '인생은 늙어가는 것이 아니라 익어가는 것'이라는 생을 통찰하는 그의 관점이다. '매일 매일 시간만 보내는 노인이 아닌 위엄 있게 삶을 증거하고자 노력하는 노인'으로 살아가는 현자賢者의 말씀에 절로 귀 기울이게 된다.

행복은 누구나 원한다. 막상 '행복이 무엇인가'라고 물으면 세상에 같은 답은 없다. 모든 사람에게 행복은 주관적인 판단으로 놓이며, 시간과 장소에 따라서 달라지기도 한다. 혹자는 행복과 성공은 동전의 양면이라고 말한다. 부와 권력, 명예를 얻으면 행복하고, 실패한 사람은 불행하다는 섣부른 결론을 내리기도 한다. 더욱이 나이가 들수록 '성공한 사람은 행복하다'고 단정 짓기 쉬운데, 노령의 철학자가 말하는 성공과 행복의 함수 관계는 사뭇 다르다.

김형석 교수는 "자신에게 주어진 재능과 가능성을 유감없이 발휘한 사람은 행복하고 성공한 사람이지만, 그렇지 않은 사람은 성공했다고 인정할 수 없다"고 일갈한다. 그는 또 말한다. "젊어서는 용기가 있어야 하고 장년기에는 신념이 있어야 하나, 늙어서는 지혜가 필요하다"고. 그런데, 우리 사회는 너무 일찍 성장을 포기한 젊은 늙은이가 많다며 작금의 세태를 꼬집기도 한다.

생산적 노년 혹은 성공적 노년의 과제

대한민국은 사회적으로 다양한 영역에서 노인 문제에 직면해 있다. 우리나라는 OECD국가 중에서도 노인자살률과 노인빈곤율, 그리고 고령화 속도가 1위인 국가이다. 노인의 빈곤과 질병, 복지 등의 문제가 언제나 잠재한 가운데, 건강하고 활동적인 노인들의 사회 참여를 어떻게 풀어낼 것인가에 대한 과제도 새롭게 부각되고 있다.

최근 '노년학gerontology'의 주요 연구 주제 역시 '생산적 노년' 혹은 '성공적 노년'이라는 개념에 초점이 맞춰지고 있다. 이는 꾸준한 건강관리를 통해 인지능력을 유지하면서, 변화하는 사회에 잘 적응하기 위해 교육이나 학습의 기회를 적극 활용하는 노년을 지향한다. 그로써 의미 있는 사회활동에 참여하며 노년기의 자아실현을 이루는 참다운 삶을 말한다.

모든 노인이 앞서 마하티르 총리나 김형석 교수와 같은 노익장을 발휘하며 삶을 구가할 수는 없다. 다만, 방향과 정도는 다를지라도 그와 같은 인생관과 가치관을 공통분모로 개인과 사회가 함께 노력하는 것이 고령화 사회를 대비하는 중요한 키워드라는 점이다.

진정한 생산적 노년, 성공적 노년의 정착을 위해서는 이제껏 잘못 인식된 고정관념에서 벗어나야 한다. 노년기는 고독하고 의존적이라는 부정적인 사고에서 탈피해 생산적이고 활기찬 모습으로 그려지는 새로운 노년문화를 조성해 나가야 함은 물론이다.

나이 들어 늙어감에는 나름의 처연한 미학이 있다. 부풀렸던 욕심을 줄이고, 벌렸던 관심사를 줄이는 것도 물론 필요하다. 부귀와 명예를 쫓기보다는 단단한 결실로 원숙함을 선보이고, 남과 나누는 베풂의 미덕도 요구된다. 아울러 노년의 고독과 소외를 떨쳐버리고 닫힌 삶을 열린 삶으로, 수동적인 삶을 능동적인 삶으로 변화시키는 진정한 의미의 '사회적 노익장'을 발휘해야 한다.

노년의 사고四苦, '노노케어'로 극복하자

사람이 늙으면 여러 고통에 시달린다. 그 중에서도 대표적인 노년의 고통으로 네 가지를 꼽는다. 이른바 '4고苦'라 일컫는데, 병고病苦·빈고貧苦·고독고孤獨苦·무위고無爲苦가 그것이다. 병들고, 가난하고, 외롭고, 할 일 없는 상태. 이런 상황이 깊어지면 살아서 무엇 하냐는 자괴감이 노인을 지배할 정도다.

정부는 물론이고 사회에서도 고령화 사회에 대

한 걱정이 봇물을 이룬다. 젊은이들이 노인을 부양해야 한다는 부담은 이미 오래전부터 제기돼 왔다. 전반적인 복지에 대한 수요는 나날이 늘어가는데, 노인복지가 점점 큰 부분을 차지해 사회적으로 바라보는 시각도 곱지만은 않다. 이젠 지하철 무임승차가 눈치가 보인다고 말하는 노인들도 많다. 사람이 늙는 것이 죄가 아닐진대, 죄지은 사람마냥 늙음을 서러워해야 하는 시대가 오는 것일까.

노인의 4고를 극복하기 위한 가장 좋은 해결책은 무엇일까? 해답은 간단하다. 바로 '일자리'이다. 일자리 복지를 제공하면 4고는 웬만큼 해결된다. 건강한 노인에게 필요한 대책은 일자리 복지 뿐이다. 일자리를 두고 젊은이들과 경쟁하라는 이야기가 아니다. 젊은이들이 기피하지만 노인들에게 적합한 일을 찾으면 된다. 그 중에서 가장 좋은 사업으로 노노케어(老老-Care)를 추천한다. 말 그대로 노인이 노인을 돌보는 개념이다. 이미 일본에서는 오래 전에 시작된 프로젝트이지만, 우리나라에서는 대한노인회를 중심으로 저변을 넓혀가는 중이다.

노인은 노인의 상태를 가장 잘 안다. 스스로 4 고를 잘 알기 때문에 이보다 더 잘 맞는 서비스 제공자는 없다. 사실 노노케어는 이미 현실로 다가와 있다. 바로 노노부양이다. 90대 부모를 60, 70대 자녀가 돌보는 경우가 주변에 적지 않다. 노년기가 길어짐에 따라 피할 수 없는 현상이다.

노노케어에 대한 새로운 인식과 정부 차원의 많은 지원이 요구된다. 누구나 예상하다시피 향후 고령화에 따른 노인복지에는 천문학적인 재원이 필요하다. 사회의 재원이 선순환하기 위해서는 꼭 필요한 곳에 예산이 쓰이고, 그 예산의 수혜자는 공정해야 한다.

건강한 노인에게는 일자리를 제공해 사회적 활동을 늘리고, 건강하지 못한 노인에게는 양질의 서비스를 제공할 수 있다. 또한 사회복지 부담도 줄여주는 노노케어는 양쪽 입장에서 모두 수혜를 입을 수 있는 정책이다.

넛지효과에 의한
진정한 '공경'

　현대의학의 발달로 수명이 급속하게 늘어났다. 더욱이 웰빙에 대한 관심이 폭증하는 지금 같은 추세라면 앞으로 100세를 넘게 사는 게 그다지 특별한 일도 아닐 듯하다. 그만큼 노화가 현저하게 더뎌진 행복한 시대를 살고 있다. 그러나 '노인'에 대한 기준과 인식이 사람마다 다른 세상이다 보니, 그로 인한 갈등이 심심치 않게 생긴다. 마땅히 대접받으려는 노인과, 노인으로 인정할 수 없다는 쪽의 대립. 과연 어떻게 갈등을 극복할 수 있을까?

노년연가

일견 쉽지 않아 보이는 이런 충돌은 '넛지효과 Nudge Effect'를 활용해볼 만하다. 넛지효과란 사람의 행동을 유발하게 하는 부드러운 개입을 의미한다. 네덜란드 암스테르담의 공항 화장실을 관리하는 청소노동자들의 고충을 효과적으로 해결한 사례가 유명하다. 남성 소변기 주변에 이용자들이 흘린 소변을 매번 치우는 게 문제였는데, 어느 날부터 소변기 안쪽에 파리 한 마리를 그려 넣은 것이다. 소변으로 파리를 맞추려는 본능에 이용자들이 한 발 더 다가서게 되면서 이전보다 훨씬 청결한 화장실이 됐다는 이야기다.

스웨덴 스톡홀름의 지하철역에선 에스컬레이터보다 계단으로의 이용률을 높인 사례도 있다. 계단을 밟을 때마다 피아노 건반 소리가 나게끔 설계해, 계단을 오른 사람의 수만큼 기부액이 적립되는 시스템을 적용한 아이디어이다. 이로 인

한국의 노인사회에서

나타나는 두드러진 특징 중

하나는 '사회로부터의 고립'이다.

우리가 노인을 대하는 태도는

멀지 않은 미래에 다음 세대가

우리를 대할 태도와 다르지 않다.

노년연가

해 에스컬레이터 혼잡, 국민건강, 기부라는 세 가지 효과를 한꺼번에 거두게 된 셈이다.

사람은 독립적인 자아를 가지고 있기 때문에 누군가에게 강요받기를 좋아하지 않는다. '소변을 흘리지 마시오'라는 지시 문구보다는 파리 한 마리를 그려 넣어 자연스럽게 행동을 유발하는 지혜가 필요한 까닭이다.

자리를 양보하라고 강요할 것이 아니라 스스로 자리를 양보할 가치와 문화가 조성되는 게 우선이다. 그것이 진정한 어른 공경이다. 빼앗듯 자리를 양보 받아서 그 자리가 정말 편할까. 그렇다면 노년세대의 잘못이 크다.

무엇을 어떻게 해달라고 밀어 붙이지 말자. 노년기의 최고 장점은 현명한 지혜와 부드러운 인

품이다. 만일 누군가 잘못했다면 목소리를 높이
기보다는 슬쩍 팔꿈치를 찔러주는 게 현명한 처
사이다.

노인 빈곤, 어떻게
접근할 것인가?

　모든 사람에게 행복이 절대적인 목표이어야 한다고 강요하고 싶지도 않거니와, 간절히 바란다고 쉬이 얻을 수 있는 것도 아니다. 행복을 결정하는 요인은 매우 다양하고 사람들은 각자의 삶에서 서로 다른 행복을 경험한다. 그럼에도 불구하고 현실적인 몇 가지 문제를 간과할 수 없다.

　기본적으로 적정 수준의 소득이 확보되어야 한다. 경제적인 빈곤은 노인의 삶을 위협하는 가장 큰 원인이며, 일정한 노후 소득은 부득불 필수조건이다. 절대적인 소득이 높으면 더 많은 재화와 서비스를 누릴 수 있는 만큼, 보다 안정된 생활이 가능해진다.

대한민국 노인들 상당수가 경제적인 어려움에 허덕이고 있다. 노인 빈곤은 분명하고 심각한 사회 문제이다. 현재 우리나라의 노인 빈곤율은 44.7%(2015년 기준)로 거의 절반에 육박한다. 다층 노후소득 보장 체계가 구축되어 있지만, 오늘날 대부분의 노인들은 이 제도가 형성되기 이전 세대이다. 제대로 된 노후 준비를 못한 채 가난에 내몰리게 된 이들이다.

통계청의 '2016년 고령자 통계'에 따르면 2015년 65세 이상의 노인들 중 공적연금(국민연금·공무원연금·군인연금·사학연금 포함)의 수급 비율은 42.3% 수준이다. 특히 주목할 점은 이들 중 약 77%가

50만 원 이하의 연금을 받으며 생활하고 있다는 사실이다. 상대적 빈곤율도 49.6%(2015년 기준)로 OECD 평균인 13%의 약 3.8배 수준에 이른다. 노인의 58.5%(2015년 기준)는 결국 생활비를 본인이나 배우자가 직접 해결해야 할 상황이다. 이렇게 빈곤 상태로 내몰리다보니 노인들의 행복 지수가 떨어질 수밖에 없다.

가족부양을 전제로 한 노후 부양 제도에 대한 근본적인 질문과 재정의가 요구된다. 한때 일명 '효도법'이라고 가족부양의 의무화 제정을 도입하자는 주장도 있었으나, 현실적인 우리나라의 세대 구성 변화를 담아내지 못한 엉성한 대책이다. 노인 빈곤 해결을 가족의 울타리만으로 몰아갈 문제가 아니다. '노후의 독립된 경제생활을 어떻게 보장할 것인가'라는 물음에서 근본적인 대책을 강구해야 한다.

노인도 다름 아닌 우리 사회의 구성원이다. 이들이 연로하여 기본적인 생활조차 어려운 시기가 왔을 때, 그들에 대한 책임은 당연히 우리 사회가 감당해야 한다. 노인 부양의 책임을 자식들의 효도로 환원하는 순간, 노인 문제는 개인의 문제로 축소될 뿐이다. 사회에 평생을 공헌한 세대가 존엄성을 유지하며 생활할 수 있도록 공동체가 함께 책임져야 한다.

노인의 빈곤을 개인의 사정으로 생각하는 관점이야말로 문제 해결을 가장 어렵게 만드는 원인이다. 도심의 뒷골목에서 폐지를 줍는 노인의 모습을 그저 일상적인 풍경으로 받아들여서는 안 된다. 노인들의 다양한 사회 참여를 보다 활성화해야 한다. 이를 위해서는 노인이 늘어나는 급격한 인구 구조에 대응해 연계 사업을 실행할 수 있는 전담 인력 확충이 시급하다.

현실적인 노인빈곤 문제의 해결을 위해서는 공적연금, 특히 기초연금과 국민연금의 현실화가 우선이다. 더불어 최저생계비 상향 조정도 필요하다. 다만, 많은 예산이 필요한 만큼 국민적 합의를 도출해 낼 장기적 과제로 정부 차원에서 대책을 내놓아야 할 것이다.

다음으로 양질의 고령층 일자리 확대를 통한 소득 보장은 필수이다. 임금 수준, 일의 양과 시간대, 근로의 지속가능성 등을 종합적으로 고려해 중앙정부는 물론 지방자치단체가 지역 내 노인 관련 단체와 협력하여 근로 보장과 급여 수준을 높이도록 적합한 일자리를 발굴하고 도입해 주기를 촉구한다.

아름다운 삶의
마침표, 웰다잉

　누구도 죽음을 거스를 수 없다. 우리 삶에 웰빙Well-being과 웰에이징Well Aging이 중요하지만, 더불어 웰다잉Well Dying도 못지않게 중요하다. 웰빙과 웰에이징의 마지막 단계가 바로 웰다잉이기 때문이다.

　'어떻게 존엄을 지키며 죽을 것인가'라는 웰다잉Well Dying에 대한 관심이 높아지고 있다. 인간으로서 존엄을 유지하며 편안한 마음으로 삶을 마무리하는 웰다잉은 의학적 치료에 생명을 의존하는 현대사회에서 어떻게 마지막을 맞이할 것인가에 대한 근본적인 물음에서 출발하였다.

웰다잉을 위해서는 인간의 죽음이 신체적, 정신적, 사회적 측면에서 존중되어야 한다. 의미 없는 연명보다는 고통 없이 자연스럽게 죽음을 맞이하고, 정신적으로 두려움 없는 이별을 수용할 수 있는 도움의 손길도 필요하다. 사회적으로는 무의미한 삶의 연장에 대한 깊은 고민과 결단이 자연스럽게 형성될 수 있는 제도와 문화가 뒷받침되어야 한다. 무엇보다도 웰다잉의 궁극적인 지향점은 삶의 마지막에서 인간의 존엄을 지키는 일이다.

삶의 마무리를 스스로 결정하는 웰다잉

건강을 잃고 누워서 혹은 산소호흡기에 의지해 몇 년씩 살다 죽는 건 결코 웰다잉이라고 할 수 없다. 저명한 미국의 사회학자 스콧 니어링은 건강수명을 다하자 연명치료를 거부했다. 스스로 움직이지도 먹지도 못하는 상태에 이르자 지체 없이 세상을 떠나는 것이 자신은 물론 가족과 사회를 위하는 일이라 생각했다. 실제로 그는 몸에 이상이 생기자 곡기를 끊고, 1983년 100세가 되던 해에 세상을 떠났다.

오늘날 죽음을 앞둔 환자 대부분은 병원이 종착점이다. 차가운 의료기계에 둘러싸여 여러 튜브를 몸에 꽂은 채 다가오는 죽음을 속절없이 기다릴 뿐이다. 시한부 인생을 선고받은 경우라면 계속되는 연명 치료가 오히려 환자에게 부담이 될 법도 하다. 이런 상황에서 어떤 떠남이 더 인간다운 죽음인가.

일반적으로 우리는 행복을 삶의 질과 동격으로

해석한다. 부와 명예를 얻고 인간관계도 풍성해지는 멋진 삶을 성공이라고 말한다. 그런데 오복五福 가운데 강녕康寧, 장수, 부귀, 유호덕攸好德이면 족한 줄 알았는데, 고종명考終命이 제대로 되지 않을 때 다른 모든 것들이 한순간 무의미해지거나 초라해질 수 있다.

과연 이상적인 생의 마감이란 어떤 모습일까. 고통 없이, 두렵지 않은 상태로 사랑하는 이들에 둘러싸여 편안하게 이별을 맞이하기를 원한다. 이를 위해선 죽음에 대한 인식을 바꾸어야 한다. 죽음은 혼자서, 빈손으로 가게 될 뿐 아니라 언제, 어디서, 어떻게 갈지 알 수 없기에 반드시 준비를 하는 것이 바람직하다.

상속을 위한 유언서 작성, 장례에 대한 가이드와 부탁, 무의미한 연명치료에 대한 결단은 개인적인 고통을 해소하고 남겨진 이들에게 현실적이고 도덕적인 부담도 줄여준다.

중국 송나라 주신중은 '세시오계歲時五計'라 하여 인생에는 다섯 가지 계획이 있어야 한다고 설파했다. 생계生計, 신계身計, 가계家計, 노계老計, 사계死計가 그것이다. 마지막 사계는 표면적으로는 이 세상을 어떻게 떠날 것인가에 대한 계획인데, 역설적으로 적극적인 삶의 다른 의미가 아닐까.

결혼 50주년,
금혼을 맞이하면서

　중장년층은 물론이고 노년세대까지 이혼이 급증하고 있다. 이혼을 요구하는 쪽은 주로 여성들이라는데 성격, 생활상, 경제적 갈등, 부부간 성문제 등 이혼 사유도 다양하다. 어찌되었든 황혼의 부부조차 이런 저런 이유로 해체되는 세태가 적잖이 우려된다.

　이혼이라는 극단적인 상황이 증가하면 작용과 반작용의 원리에 따라 양쪽 사이에는 소모적인 방어기제만 작동할 뿐이다. 그만큼 사회는 삭막

해지고 악순환이 반복될 수밖에 없다.

요즘 부부들은 서로 부모를 제대로 봉양하지 않는다며 불만이 많다고 한다. 명절을 보낸 뒤 이혼율이 급상승하는 이유도 이와 무관치 않아 보인다. 이런 상황에서는 아무래도 남편들의 가부장적인 사고방식이 도마에 오르기 마련이다. 노년 여성들 가운데는 자녀의 미래와 생활력의 부재로 인해 남편의 외도, 무시, 폭력에도 종주먹질로 속을 삭히면서 인내하고 살아온 이들도 적지 않다.

우리나라 이혼율은 선진국 수준이다. 동상이몽인 채 혼인관계만 유지하는 부부도 많다는데, 노년세대까지 다투어 이혼하는 세태가 결코 바람직하지 않아 보인다. 사회활동을 한창 해야 할 자식들이 황혼에 이혼한 부모를 번갈아 오가며 무엇을 느끼고 배우겠는가.

사실 부부 문제는

정확한 원인을 찾기 어렵다.

그렇지만 갈등의 출발은

달라도 핵심은 하나다.

바로 '감정'이다.

배우자의 감정을 최소한

근접하게 이해하고 존중하지

못하기 때문이다.

오랜 시간동안 가부장제를 고수해 온 이들 몇 몇은 '가족이라는 나라'의 왕처럼 군림하려는 경향을 아직도 못 버리고 있다. 많이 양보해서 왕이라도 좋다. 왕도 성군과 폭군으로 나뉘는 법, 누가 폭군을 견디겠는가? 자신의 비위에 맞지 않는다고 아내와 자식들을 무시하거나 심지어 폭력까지 행사한다면 그건 결코 가부장이라 말할 수 없다.

혼란스럽고 맹목적인 시대를 거쳐 사회는 민주화되었고, 이제는 협력과 화합의 가치가 중요한 시대다. 더 이상 독재자의 모습으로 남아 있는 아버지와 남편을 받아들일 가족은 없다. 스스로 자신의 모습은 어떠했는지 돌아봐야 할 때다.

오랜 시간 좋은 부부관계를 이어온 사람들이 특별하게 느껴지는 세상이다. 지난 2014년, 필자와 아내는 결혼 50주년인 금혼을 맞이했다. 이 날을 기념하여 역시나 금혼을 맞은 40쌍의 부부들과 함께 다시금 뜻 깊은 전통혼례식을 올렸다. 주례는 때마침 결혼 60주년인 회혼을 넘어선 정원식 전 국무총리가 서주셨다. "화목한 관계를 유지하기 위해서는 상대방을 있는 그대로 받아들이고 인정하며, 지속적인 조화를 이루기 위한 노력이 필요하다"며 화합을 강조하는 소중한 주례사를 전해 주셨다.

두고두고 이 날의 금혼식이 자랑스럽다. 누구나 다 하는 부부생활을 좀 오래한 것이 뭐 그리 대수냐 말하는 이도 있을지 모르겠다. 그래도 필자로서는 그 어떤 상보다 값지고, 어깨가 으쓱한 일이 아닐 수 없다.

빈곤과 고독을 줄여주는 '노인일자리사업'

지난 2017년부터 전국적으로 '노인일자리 및 사회활동 지원사업'이 펼쳐졌다. 전국 지방자치단체별로 등하굣길 도우미, 환경지킴이 강사와 같은 공익 활동형은 물론이거니와 실버택배, 실버카페와 같은 시장형 사업단도 운영에 들어갔다.

노인일자리사업은 노인들의 오랜 경험과 노하우를 살리고 노후 소득에 보탬이 되도록 하자는 취지에서 2004년부터 시작되었다. 이후 2015년

에 '노인사회활동(노인일자리) 지원사업'으로 이름
이 바뀌었고, 2016년부터는 '노인일자리 및 사회
활동 지원사업'으로 변경되면서 본격적인 궤도에
올랐다.

노인일자리사업은 제도의 근본적인 목표에 걸
맞게 노인들의 금전적 소득은 물론 사회적 관계
확대라는 삶의 질 향상에도 효과가 있다. 다만,
일자리사업의 참여희망자보다 실제 참여자가 미
흡하고, 그나마 참여자에게 지급되는 수당이 상대
적으로 너무 적다는 문제점이 지적되었다. 또한
일자리 내용이 획일적인 용돈벌이 정도의 단순작
업에 지나지 않아 실질적인 생계비 수준의 소득
을 보장하는 일자리를 요구하는 목소리가 높다.

한국노인인력개발원 발표에 따르면, 노인일자
리사업은 시장형사업단과 인력파견형이 대표적

이고 민간기업과 연계하는 시니어인턴십, 고령자 친화기업, 시니어직능클럽도 운영된다. 한편, 사회활동지원사업은 공익활동과 재능나눔활동으로 나뉜다. 현재 노인일자리사업에는 지방자치단체를 비롯해 시니어클럽, 대한노인회, 노인복지관, 사회복지관, 노인복지센터, 지역문화원 등 다양한 단체와 기관들이 참여하고 있다.

노인인력개발원 자료를 보면, 2016년 기준 공익활동과 시장형사업단의 경우 참여자 10명 중 7명이 여성 노인으로 파악되었고, 인력파견형은 남성과 여성 비중이 비슷한 수준이었다. 노인일자리사업 참여 노인의 평균연령은 2007년 70.8세에서 2015년에는 74.4세까지 늘었다가 2016년 72.3세로 다소 낮아졌다. 특히, 80세 이상 비중이 2007년 5.2%에 불과했는데, 2016년에는 18%에 이를 만큼 매년 증가 추세라는 점이 눈에 띈다.

노년의 삶과 만족도 높여주는 일자리

노인일자리사업은 참여 노인들의 빈곤을 개선하고 건강은 물론 사회적 관계에서도 긍정적인 효과가 있다. 한국노인인력개발원이 시장형사업 참여 노인을 대상으로 참여 전후 빈곤율을 분석한 결과에서도 약 12% 감소 효과가 있는 것으로 나타났다.

서울대학교 산학협력단이 의료비와 의료시설 이용 측면에서 참여 노인을 대상으로 조사한 결과, 노인일자리사업에 참여하면서 의료비는 연간 54만5,994원이 줄었고, 의료기관 이용 횟수도 3.76일 감소한 것으로 나왔다. 이밖에 노인일자리사업의 참여로 인한 사회적 관계망의 크기에는 큰 차이가 없지만, 사회적 관계를 맺는 빈도나 사회적 지지 수준은 참여하지 않은 경우보다 높아진 것으로 분석되었다.

노년기 삶의 질과 관련해서도 노인일자리사업 참여노인이 그렇지 않은 노인에 비해 삶의 질과 만족도 항목에 모두 높게 나온 것으로 조사되었다. 노인일자리사업 유형에 따라서는 교육형사업에 참여할 때 주관적 건강상태, 자기효능감, 자아존중감에 긍정적인 영향을 미쳤고, 복지형의 경우도 참여 노인의 자아존중감과 자기효능감에 긍정적인 영향을 미친 것으로 나타났다.

노인일자리사업의 가장 큰 문제점은 무엇보다도 수요를 따라가지 못하는 일자리 공급에 있다. 일하고 싶은 노인은 많은데, 실제 일할 수 있는 일자리는 턱없이 부족하다는 게 현실이다. 지난 2014년 노인실태조사에 따르면 노인일자리사업 참여율은 전체 노인 대비 4.3%에 불과했고, 기회가 된다면 노인일자리사업에 참여하고 싶다는 의사를 가진 노인은 18.2%였다. 노인일자리에 참여하고 싶은 노인이 전체 노인 100명 중 19명에 달하는데, 실제로 참여한 사람은 5명도 안 된다는 말이다.

참여자를 자세히 분석한 결과에서도 눈여겨볼 문제점이 발견된다. 현재 노인일자리사업 참여 노인은 주로 저소득 계층이고 여성, 고령층, 저학력 노인에 집중되고 있다. 반면, 참여 희망자는 현재 참여노인에 비해 남성, 저연령층, 고학력자, 자녀와 동거하는 노인 비중이 높다. 즉 60대, 남성, 고학력 노인은 상대적으로 노인일자리사업에 참여할 기회가 적은 것으로 나타났다. 이를 봐서도 앞으로 수요에 비례하는 일자리나 사회활동 개발이 필요하다는 중론이다.

20만 원 정도 수당, 십수 년째 제자리
근로에 비해 너무 적은 수당도 개선할 점이다.

노인일자리사업에 참여하는 노인들은 생계비 수준의 수당을 받기를 희망하지만, 일자리사업을 시행한지 십수 년째를 맞는 올해도 수당은 20만 원 조금 넘는 용돈 수준에 불과하다. 2014년 노인실태조사를 보면, 노인일자리사업 참여노인 중 64.4%가 생계비 마련을 위해 일한다고 답했고, '용돈 마련'이 목적인 경우는 27.9%에 불과했다.

그러나 2004년 활동비 월 20만 원으로 시작한 노인일자리사업은 2016년까지에 이르기까지도 공익활동 참여노인에게 같은 활동비를 지급했다. 그나마 2017년 상반기 처음으로 공익활동비를 22만 원으로 올렸고, 그 하반기부터는 추경을 통해 공익활동비를 5만 원 더 인상해 월 27만 원을 지급하고 있는 실정이다.

노인일자리사업 유형에 따라 활동시간이나 수

당을 차등지급하는 방안을 적극적으로 검토해, 참여 노인들의 경제적 욕구와 활동내용에 맞는 수당을 지급하는 현실적인 제도로 고쳐야 할 필요가 있다. 상황이 이런 가운데 청소나 경비와 같은 단순노무직을 제외하면 생계비 수준의 실질적인 소득을 보장할 수 있는 민간분야 노인일자리도 거의 없다는 점이 심각한 문제다. 이를 개선하기 위해 2015년까지는 정부지원 공익형 노인일자리사업에 집중되었지만, 2016년부터는 시장형 노인일자리사업에 집중적으로 지원이 늘고 있다.

양적인 측면에서 민간분야 노인일자리 수는 2011년부터 2015년까지 3만 개에서 4만 개로 조금 늘어났지만, 전체 노인일자리 수 대비 10% 수준에 불과하다. 2016년부터 시장형일자리에 집중한 결과 10만여 개로 급증했고, 전체 노인일자리 수 대비 23%로 상향되었다.

이와 함께 노인일자리사업의 단순하고 획일화된 프로그램 개선도 지속적인 노력이 필요하다. 앞으로 노인일자리사업 확대와 다양한 연령, 계층의 참여를 위해서는 쉬운 일뿐만 아니라, 전문 역량을 발휘할 수 있는 활동도 적극적으로 발굴해 사업이 다양하게 전개되기를 기대한다.

노인 연령 상향,
무엇이 문제인가?

도시나 농촌 할 것 없이 경로당을 가보면 노인들은 '65세가 무슨 노인이냐, 65세는 청년'이라고 말한다. 70세는 넘어야 노인이라는 게 일반적인 정서이다. 최근 정부에서 실시한 노인실태조사를 보면 노인들 스스로 생각하는 노인 연령은 평균 72.5세로 현재 노인 기준과는 차이가 있다.

우리나라는 2017년부터 생산 가능 인구(만 15~64세)가 줄어들기 시작했다. 이런 상황에 노인 인구는 빠르게 늘어 2025년이면 전체 인구 중

20%가 넘는 '초고령 사회'에 진입하게 될 전망이다. 65세 이상을 노인으로 규정한 노인복지법이 제정되었던 것은 1981년이었다. 당시의 평균 수명은 66세에 불과했고, 전체 인구 대비 노인 인구 비율은 4% 수준이었다.

노인 인구가 급증하는 가운데, 40년 가까이 '65세'로 고정돼 있던 노인 연령 상향 조정에 대한 필요성이 제기되고 있다. UN에 가입한 230여 개 국가 중 65세를 노인연령으로 정한 나라는 100여 국에 불과하다. 130여 나라가 상향 조정한 상태로, 노인 연령 상향 조정의 움직임은 세계적인 추세이다. 그런데 노인 연령 상향 조정은 여러 경로 우대 혜택부터 각종 노인 복지 제도까지 다양한 영역에서 노인 삶에 영향을 미치는 파장이 크다.

만 70세로 노인 기준 연령을 상향하자는 제안

평균수명 증가로 노인 연령
기준 변경은 불가피한
시대적 흐름이다. 그러나
사회적 합의를 위한 충분한
공론화 과정을 거쳐서
중장기 과제로 추진하는
것이 바람직하며, 정책적인
탄력적용이 요구된다.

에 대해 국민의 절반 이상이 찬성한다는 여론 조사 결과가 나왔다. 한 여론조사업체가 전국 19세 이상 성인 504명에게 물었는데, 찬성이 55.9%, 반대가 41%, 무응답이 3.1%였다.

찬성 여론이 높은 것은 평균 수명 증가에 따라 노인에 대한 사회적 기준이 달라졌고, 노인 복지 비용에 대한 걱정도 반영되었으리라 판단된다. 사실, 노인 연령을 70세로 올리면 부담을 상당 부분 덜 수 있다. 2018년 전체 기초연금 지급액 중 4분의 1이 65~69세 노인에게 돌아갔는데, 그만큼 비용을 절감할 수 있다는 계산이다.

반대 여론 역시 40%가 넘었다는 점도 주의 깊게 봐야 한다. 결정적인 부작용은 노인 빈곤이다. 지금도 어렵게 사는 노인이 많은데, 노인 연령까지 올리면 결국 '복지 사각지대'도 덩달아 늘어날

가능성이 높다. 더구나 노인의 복지 혜택 나이를 미루려면 일할 수 있는 정년 나이도 비례해서 늘어나야 맞다. 그러나 사회적 공감대가 형성되기 어려울 뿐만 아니라 기업 부담이 커지고 청년 일자리도 줄어들 수 있다는 우려가 만만치 않다.

노인 연령 상향 조정은 상당히 민감한 문제이다. 기초연금과 국민연금 지급 연령, 정년 연장 문제와도 연쇄적으로 맞물려 매우 복잡하다. 반대 여론도 만만치 않은 만큼 이해관계에 민감한 정치권이 적극적으로 나설지도 불투명하다. 그러나 가파른 인구 고령화 속도를 고려하면 마냥 손 놓고 있을 수만은 없다. 난제라고 뒤로 미루지 말고 각 사안에 대한 개별적인 접근으로 해법을 찾아야 할 때이다.

뿌리가 굳건한
문화는 흔들리지
않는다

    우리나라에서 오래된 나무를 꼽으라 치면 단연 용문사의 은행나무가 떠오른다. 추정 수령이 1,100년에 높이 67m, 밑동의 둘레는 15.2m에 이른다. 용문사 은행나무만큼 유명하지는 않지만, 향나무의 일종인 울릉도의 진백나무도 최고령으로 회자된다. 지난 태풍에 큰 가지 하나가 잘려나갔다지만, 아직도 굳건히 바위를 움켜쥐고 있다. 진백나무는 높이 6m, 둘레 4.5m로 다른 고령수에 비하면 몸집은 작지만 추정 수령이 2,500년에

노년연가

달한다. 학자에 따라선 4,000~5,000년에 이른다는 주장도 있어 수령으로만 본다면 가히 우리나라 최고最古라 할 만하다.

어떤 나무는 천년을 살아 거대한 위용을 자랑하기도 하고, 또 어떤 나무는 거대하지는 않지만 수천 년을 견딘 끝에 최고의 향을 품었다는 명성을 얻었다. 이 나무들이 세월을 견디고 마침내 살아남아 사람들로부터 우러름을 받을 수 있었던 것은 무엇 때문일까.

물론 다른 많은 이유도 있었겠지만, 무엇보다도 든든한 뿌리 덕분이다. 기름진 땅에 충분한 자양을 받으며 자라는 나무든 척박한 바위틈에 간신히 붙어사는 나무든 뿌리가 존재하지 않고서는 그 자체가 유지될 수 없음은 분명하다.

그렇다면 우리가 터를 잡은 사회의 뿌리는 무엇인가. 필자의 생각으로는 '우리'라는 이름을 가능하게 만드는 기저基底는 다름 아닌 문화라고 말하고 싶다. 아무리 세상이 바뀌고 생활양식이 변하더라도 우리가 한국인임을 문화를 통해 뚜렷하게 느낄 수 있다.

무형이든 유형이든 지난 세대로부터 전승되고 우리가 함께 동질감을 교감할 수 있는 무수한 문화가 우리 주변에 공기처럼 부유하고 있다. 그런데 공기의 중요성을 쉽게 느끼지 못하듯 어쩌면 우리는 전통과 문화에 대해 무감각하게 살아가고 있는 것은 아닌지.

한 사회의 행동 양식과 상징 구조

간혹 젊은 세대들은 맥락 없는 국적불명의 문화와 트랜드에는 열광하면서 정작 우리 전통문화에 대해서는 진지한 관심이 부족하다. 아무리 그럴듯해 보이게 향나무 뿌리에 은행나무 몸통을 억지로 얹은들 은행나무가 되지도 않거니와 살 수도 없다.

젊은 사람들만의 탓으로 돌릴 수도 없다. 예전에 숭례문이 불탔다고 제를 올리고 통곡한 노인들은 어떠한가. 숭례문의 의미와 역사적인 의의에 대해 진지하게 생각하고 평소에 손자손녀들에게 그 유례와 의미를 전해준 적이 있었던가. 그저 그 자리에 있었던 것으로 무심코 지나치다가 어느 날 600년 문화유산이 불탔다며 유난히 호들갑을 떨지는 않았는지 묻고 싶다.

지금은 많이 사라졌지만 예전에는 문중을 중심으로 한 제실문화가 있었고, 그 중심에 노년세대가 있었다. 한 지역을 아우르는 문중의 사랑채는 지역의 문화를 지키고 전파하는 데 막강한 영향을 끼쳤다. 노소귀천을 가리지 않고 자문하고 협의하는 훌륭한 지역단위 문화공동체였다. 연중 모시는 제사는 물론 절기마다 지역의 대동제와 마을의 안녕을 기원하는 행사를 통해 유형, 무형의 문화양식이 전승되었다. 전래된 민요와 지역의 독특한 문화양식이 어디 공교육을 통해 이루어졌던가.

우리에게는 거대한 뿌리가 있다. 수천 년을 이어온 고유한 정신문화와 장독 하나에도 깃든 아련한 미학이 숨 쉰다. 그 뿌리를 온전히 이어가고 넘겨줘야 할 이들은 다름 아닌 우리 노년세대이다. 정작 외국인들은 우리의 정신문화와 미학적 가치를 재조명하는데, 트렌드에 안 맞는다고 우리 문화를 싸구려 취급하는 일부 행태를 두고만 볼 것인가.

이제부터라도 노년세대가 공부를 해야 한다. 나이라는 허울로 우격다짐하듯 후대에게 주입하고 강요할 것이 아니라, 소중한 경험과 지식을 온전하게 전달할 능력이 필요하다. 모든 세대가 진정 소중하게 느낄 수 있도록 세련된 문화를 만들어 나가야 한다. 뿌리가 굳건하면 나무는 가지 몇 개가 잘린다고 절대 쓰러지지 않는다.

스스로를 위한
행복한 소비를
허하라

남들이 다 부러워할 만한 주택을 소유하고도 여전히 가난하게 사는 노인들이 적지 않다. 언뜻 자식들조차 이해하기 힘든 궁색한 일상과 행색으로 삶을 유지한다. 지난 시절 못 먹고 못 입었던 지독한 가난에서 벗어나 자수성가를 이룬 어르신일 가능성이 높다. 이들의 근검절약과 성공에 대한 열망은 정말로 위대한 가치다. 그러나 노년에 이르러서까지 과하게 절제된 생활은 일면 지혜로운 삶이 아니라는 생각이 든다.

노년연가

누가 노인이라고 하면 서운한 생각이 들 정도로 깔끔하게 입고, 맛난 음식도 먹고 싶으면 찾아 나서는 활기찬 삶을 권한다. 자식들 역시 부모가 멋있고 건강하게 생활하는 모습을 보면 당연히 좋아할 일이다. 사회 전체로 봐도 그것이 시쳇말로 남는 장사다. 잘 못 먹고 우울하게 살면서 아프기라도 하면 당연히 자식들 걱정은 물론이고 사회적 비용도 증가할 뿐이다.

노인들이 재산을 활용해 건강하고 품위 있게 여생을 즐길 수 있는 제도적 장치와 문화를 조성해 줄 것을 당국에 주문하고 싶다. 예를 들어 주택연금 같은 제도가 좋은 대안이다. 마지막 재산인 주택이나 아파트를 담보로 은행에서 생활비를 받으니 노인들한테 합리적인 선택이다. 그와 같이 재산은 자신만의 노후를 위해 적정하고 충분하게 쓰여야 한다. 그러려면 우선적으로 우리 노년세대의 생각부터 바뀌어야 한다.

자식들에게 재산을 물려주지 않겠다는 결심이
서야 한다. 주변을 둘러보면 여느 집이나 재산이
라는 것이 참으로 뜨거운 감자처럼 보인다. 자식
을 위한 부모로서의 마지막 의무감이나 혹 나중
에 자식들에게 의지할 수밖에 없는 상황에서의
일종의 보험이라는 생각도 배제할 수 없다. 그러
나 지금 세상은 자식이 부모를 당연하게 모셨던
옛날과는 크게 다르다. 자신이 물려준 재산으로
자식들로부터 봉양을 받는다는 바람이 실현되기
쉽지 않은 세상에 우리는 살고 있다.

사회가 발전할수록 자식한테 고기 잡는 법만
가르쳐 주는 게 바람직한 부모상으로 평가받는
다. 우리 노년세대의 가치관으로 보면 차마 내키
지 않겠지만 과거에 머무른 생각에서 벗어나야

한다. 미국이나 유럽 같은 나라에서는 그래서 노
인들이 멋지게 살고 사회에서 가장 영향력 있는
소비계층으로 대접받는다. 우리도 이제는 부모로
서의 소임은 최선을 다하되 스스로의 노후에 집
중할 때이다.

노년 리모델링을
위한 마음가짐

노년에 접어들면 새로운 인생지도가 필요하다. 당장 본인의 신체는 물론이고 환경과 상황이 지금까지와는 많이 달라지기 때문이다. 평균수명이 늘어났을 뿐, 삶의 질까지 나아진다는 보장은 없다. 상당 시간을 건강하지 못한 채 살아가게 될 수도 있는 만큼 인생의 전반적인 리모델링이 불가피하다.

늙어서 좋고 편한 점도 있다. 책임과 의무에서 해방되니 나만의 즐거움도 있다. 마치 가을 들판 같은 원숙함이랄까, 여유가 생기고 세상을 관조할 수 있다. 젊음과 늙음 사이에는 서로 다른 가치가 있을 뿐이다. 젊음의 가치가 활기차고 진취적인 것이었다면 늙음의 가치는 성숙하고 완성된 미이다. 늙었다는 부질없는 생각은 버리고 이제부터라도 새로운 인생계획을 세워야 한다.

우선, 노년의 삶 자체에 대한 관심을 가져야 한다. 나이와 싸우면서 헛되이 젊어지려고만 애쓰는 것은 아닐까. 그럴 시간에 오히려 나이를 잘 먹고 잘 늙어갈 수 있는 방법을 찾고 실행에 옮기는 게 낫다. 내 앞에 놓인 새로운 삶에 호기심을 가지고 살아가면 지나온 길을 되돌아보는 것은 별로 의미 없어 보인다.

기본은 자기관리이다. 몸과 마음이 함께 건강해야 한다. 그러나 대부분의 사람들이 자칫 몸의 건강에만 치우치기 쉽다. 몸을 돌보는 것 못지않게 정신적인 안정을 위한 마음 다스리는 일도 게을리해서는 안 될 것이다.

사람은 일을 해야 한다. 꼭 돈 버는 일이 아니어도 좋다. 돈 없으면 불행하게 늙어간다는 생각 때문에 모두들 불안하고 초조한 게 사실이다. 소득이 따르는 직업에는 분명 한계가 있고 끝나는 시점도 있다. 꼭 돈을 벌지 않아도 사회에 공헌하거나 삶의 의미를 찾을 수 있는 일도 많다. 사회활동, 자원봉사, 평생교육, 사교활동, 종교 등 다양하다. 정작 중요한 것은 아침에 눈을 떴을 때 오늘 하루도 할 일이 있다는 행복이다.

자신의 관계를 동심원으로 정리해보자. 소중한 관계를 다시금 확인하고 인생지형도를 새로 그려보는 것이다. 동심원 안팎에 받아들이고 놓아버

노인에게 좋은 삶이란
바로 이거라고 정의내리기
쉽지 않다. 각자의 삶에서
서로 다른 행복을 경험하는데,
세월이 흘러도 변하지 않는
유효한 몇 가지
전제 가치가 있다.

老年戀歌

리거나 또 풀어야 할 관계의 분포도가 구분된다. 자기 경계境界를 넘어서 자아에 대한 집착을 버리고 마음을 여는 길이다. 타인을 용서하면 내가 진 짐이 없다.

도덕경道德經에 '상선약수上善若水'라는 말이 나온다. 가장 아름다운 인생은 물처럼 사는 것이라는 노자의 말씀이다. 우리에게 주어진 둘도 없는 삶이거늘 지난날을 돌이켜 후회하기 보다는 흐르는 강물처럼 유유히 아름다운 노후를 보내기를 바란다.

노년연가

생산인구 감소로
이제는
'인구 오너스' 시대

우리나라는 2017년부터 생산가능인구(15세~64세)가 감소하기 시작했다. 생산가능인구의 비중이 떨어지면서 경제성장이 지체되는 이른바 '인구 오너스demographic onus' 시대에 접어든 것이다.

전문가들은 우리나라 경제가 지금까지는 인구 증가에 따른 '인구 보너스(bonus)' 효과를 누려왔다고 진단한다. 과거 인구 증가로 노동력이 넘쳐났고, 노동시장에 진입한 사람들의 소비 역시 왕성해 경제가 급성장하는 혜택을 누렸다. 그러나 이제는 상황이 바뀌었다. 인구가 줄고 출생률이 떨어지는 가운데, 상대적으로 노인 인구는 늘어나는 역피라미드형 인구 구조를 이루게 되었다. 이로 인해 우리 경제에 상당한 부담이 가중될 것이라는 경고이다.

우리나라는 2012년 생산가능인구 비중이 73.1%로 정점을 찍은 뒤 지속적인 감소 추세에 있다. 통계청은 2030년에 63.1%, 2060년에는 49.7%까지 그 비중이 낮아질 것으로 내다보고 있다. 지난 2015년 기준, 전 세계에서 10번째로 생산가능인구 비중이 높았던 대한민국은 45년 후 2060년에 그 순위가 199위까지 추락한다는 예상이 지배적이다.

최근 각종 지표를 보면 우려가 현실로 나타나

는 듯하다. 우리나라 결혼률과 출산율이 역대 최저치를 기록했다. 통계청이 발표한 '2017년 5월 인구동향'에 따르면 5월 중 출생자 수가 3만300명으로 2000년 통계 작성 이래 가장 낮은 수치이다. 우리나라 출산율은 2015년 기준으로 1.26명으로 세계 최저 수준이며, 현재의 우리나라 인구가 그나마 유지될 수 있는 출산율 2.1명에도 훨씬 못 미치는 결과이다.

인구가 감소하고 더 빠른 속도로 생산가능인구 비중이 낮아지리라는 예측은 우리 사회가 더욱 노령화될 것임을 시사하는 반증이다. 2017년 9월 현재, 우리나라 노인인구(65세 이상)는 725만명으로 전체 인구의 14%에 도달했다. 나아가 2026년에는 20%에 이르러 초고령사회에 진입하며, 2030년 24.3%, 2060년 40.1%로 급격히 증가할 것으로 통계청은 내다보고 있다.

젊은 세대가 살 수 있는 대책 마련해야

생산활동인구 감소와 부양인구 증대로 인해 현실적인 몇 가지 부작용이 예상된다. 첫째, 생산인구가 감소하고 소비성향이 낮은 고령세대가 급증하면 각종 구매력이 줄어들면서 저성장 디플레이션에 놓이게 되기 쉽다. 이런 현상이 장기화되면 실질금리가 오르고 부채가 많은 기업들의 채무부담이 늘고, 이에 따른 투자위축으로 실업이 증가하는 악순환의 고리가 우려된다.

둘째, 경기가 둔화되는 저성장 시기에는 조기퇴직, 명예퇴직 등이 늘어나는 반면 재취업도 어렵다. 경제 활동에 진입하지 못하고 자영업에도 실패한 사람들은 결국 빈곤층으로 내몰릴 가능성이 높아진다. 이미 우리나라의 65세 이상 노인 45%가 중위소득계층의 절반 미만에도 못 미치는 소득으로 살아가는 사실상의 절대빈곤층이며,

이는 OECD회원국 가운데에서도 가장 높은 비율이다.

셋째, 출산율 및 인구 구조의 급격한 변화는 연금문제와 의료비 부담, 복지, 부동산 등 경제 사회 전반에 걸쳐 많은 영향을 미친다. 심지어 가족 해체로 연결될 가능성도 제기된다. 혈연, 지연 등 전통적인 관계가 무너지면서 개인의 사회적인 네크워크가 무너질 가능성도 높다. 이는 우울증과 자살, 고독사, 각종 범죄 증가 등 사회적 병리현상을 초래하는 주된 원인이 되기도 한다.

인구는 사회 발전과 유지를 위한 강력한 동력이다. 특히, 생산가능인구는 자본력, 기술과 함께 3대 생산요소로 꼽히는 핵심 지표이다. 썰물처럼 순식간에 밀려오는 변화에 대처할 시간이 그리 많지 않다. 고령화 사회를 대비한 인프라 구축이 절실한 시점이다. 특히 저출산으로 인한 인구 절벽은 범국가적인 차원에서 대책을 마련해야 할 시급한 과제다. 현 세대를 살아가기가 녹록지 않은 젊은 세대들이 마음 놓고 애를 낳아서 키울 수 있는 환경을 조성해주는 것이 급선무이다.

아이를 키우는 부양비 부담을 대폭 줄여주거나 소득을 늘려주는 현실적인 대책이 필요하다. 근로시간 유연제 같은 노동환경 개선, 출산과 결혼 비용, 양육비와 교육비 등 일정 부분 또는 전액의 국가 부담 등 획기적인 대책이 아니고서는 실효성을 얻기가 쉽지 않을 듯 보인다.

노년연가

대가족 속
독거노인?
실버행복 그룹홈

독거노인 문제가 심각하다. 도심의 독거노인도 많은 비중을 차지하지만, 그보다도 시골에 홀로 방치된 노인들이 기하급수적으로 늘고 있다. 자녀들은 밥벌이를 위해, 혹은 손자녀의 교육을 위해 도시로 떠난 터라 농촌에서 청장년층을 찾아 보기 힘든 실정이다.

아직까지도 농어촌 지역은 도시만큼 사회 인 프라가 잘 갖춰져 있지 않다. 홀로 생활하던 어르신들이 때로 어려움이 닥쳐도 도움을 요청하기가 쉽지 않은 상황이다. 이런 연유로 홀로 쓸쓸하게 임종을 맞는 고독사도 발생해 안타까움을 자아내고 있다.

삶의 수단과 터전이 대부분 도시에 집중되다 보니 젊은 세대들에게 농촌에서 부모님을 모시고 살라고 강요할 수도 없는 노릇이다. 농토를 지키며 평생 뿌리내린 삶을 살았던 어르신들에게 어느 날 갑자기 황량한 도시 생활에 편입되기를 강요하는 상황도 이치에 맞지 않기는 매한가지다. 그렇다면 이 문제를 어떻게 해결해야 할까.

도시 독거노인 문제와 달리 농어촌 독거노인의 문제는 생각보다 훨씬 쉽게 접근할 수 있다. 이미 마을 단위로 누구네 집 숟가락 개수까지 꿰고 있는 농어촌 사회의 오랜 공동체 문화 덕분이다. 많은 지역에서 청장년이 빠져나가 홀로 남겨진 어르신들을 자발적으로 돌보는 시스템이 갖춰져 있다. 동네 경로당을 통해 어르신들이 함께 모여 식사도 하고 어려움도 나누는 등, 사실상 그룹홈의 역할을 담당하고 있는 것이다.

함께 하는 삶, 공동체의 의미

차제에 이런 경로당과 마을회관의 역할을 더욱 활성화시키는 그룹홈에 대한 정부 사업을 제안한다. 일례로 지난 2016년 대한노인회와 경북 성주군은 주택금융공사와 함께 '실버행복 그룹홈' 사업을 추진한 바 있다. 실버행복 그룹홈은 홀로 사는 어르신들이 이웃과 함께 숙식할 수 있는 공동주거시설이다. 방, 샤워실, 세탁실, 주방이 갖춰진 공간을 새로 짓는 동시에 기존 경로당의 기능을 보강해 공동주거가 가능하도록 시설을 갖췄다.

사실 이런 사업은 공간이나 시설이 중요한 게 아니다. 보다 훨씬 어려운 조건은 그룹홈의 취지를 이해하고 동참할 수 있는 공감대가 형성되는가의 문제이다. 그런데, 고맙게도 우리 농어촌의 공동체 문화에 이런 소프트웨어가 이미 작동하고 있었던 것이다.

경로당을 중심으로 그룹홈 성격의 돌봄 문화가 존재했다. 어르신들이 밤에는 자신의 집에서 잠을 자지만, 낮이 되면 마을 주민들과 경로당에 모여 함께 생활한다. 이 때문에 누가 몸이 편찮은지, 누가 어떤 대소사를 앞두고 있는지 훤히 꿰뚫고 살아간다. 한 마디로 마을 단위의 대가족이 형성된 것이다.

농어촌에 남겨진 엄청난 숫자의 독거노인들은 이렇게 서로를 보듬으며 살아간다. 이 때문인지 그동안 큰 사회문제로 비화되지 않은 측면도 있다. 정부나 사회복지 단체의 입장에서 보면 이런 문화의 덕을 톡톡히 보고 있는 셈이다. 그렇다면 우리에게 남겨진 과제는 이런 훌륭한 문화를 잘 보존할 수 있는 육성과 지원이다. 또한 공동체 문화의 소중함을 계승할 수 있도록 관심과 연구가 뒷받침되기를 바란다.

우리나라에서 노인에게 가장 필요한 당은?

우리나라에서 노인에게 가장 필요한 당은 여당일까, 야당일까? 진보적인 성향의 당일까, 보수적인 성향의 당일까? 갑론을박이 있겠지만, 답은 바로 '경로당'이다. 난센스 퀴즈 같지만, 사실 경로당이야말로 우리나라 노인복지에 없어서는 안 될 소중한 자산이다. 도시와 시골을 불문하고 촌락 단위로 어느 동네나 자리한 경로당은 자생적인 우리나라 사랑방 문화의 연장선상에 있다.

그런데, 막상 어느 정도 나이가 차서 경로당에 함께 가자고 하면 꺼리는 분들이 많다. 그 이유로 대략 세 가지 정도를 꼽는다. 첫째, 경로당은 가난하고 힘없는 노인들이 모이는 곳이라는 이미지 때문에 가기 싫다. 둘째, 교양 없는 노인들이 너무 많아 같이 어울리기가 쉽지 않다. 셋째, 자신도 나이가 차 어느 정도 대우받을 나이인데, 경로당에 가면 막내 취급이나 당하며 심부름이나 하게 될까봐 가지 못하겠다는 말이다. 그러나 다시 생각해 보면 경로당에 가기 싫은 조건은 경로당에 꼭 나가야 할 이유로 뒤바뀔 수 있다.

생각을 조금만 바꾸면 세상은 달라진다

첫째, 경로당은 얻어먹으러 가는 곳이 아니다. 서로의 처지를 잘 아는 노년세대들이 소통하고 교류하는 공간이다. 설사 가난하고 힘없는 노인들이 모여 있다면, 내가 먼저 그들에게 가진 것을 나눠보자. 일주일에 한두 번, 한번에 5만 원 정도만 쓰면 모든 경로당 회원들이 풍족하게 간식을 나눌 만하다. 본인은 어느새 그 경로당에서 사람 좋고 붙임성 있는 명사가 되기에 충분하다.

이런 베풂은 겸손한 마음을 가지고 낮은 자세로 임해야 한다. 가진 돈을 어떻게 쓰느냐에 따라 가치는 달라진다. 비슷한 연배의 사람들과 경로당에서 함께 즐거움을 누리고자 쓰는 돈의 가치는 경로당 문화를 한층 끌어올린다. 뿐만 아니라 자신 역시도 베푸는 즐거움을 깨닫게 되는 계기가 된다.

둘째, 사회에서 번듯한 자리에 있었더라도 경로당에 나가야 한다. 예의, 교양, 지식은 함께 나누었을 때 진정한 가치를 발한다. 노인도 배워야 한다. 세상의 흐름과 가치관의 변화도 잘 따라가야 하고, 젊은 세대들이 무엇을 원하는 지도 알아야 한다. 이제 과거 기준에서 노년세대는 더 이상 삶의 말년을 사는 게 아니다. 인생에서 아직도 살아갈 날이 창창하다. 자신의 삶과 타인과의 조화를 위해 교양과 지식의 습득은 필수이다. 지식인 출신의 노년층이라면 경로당에 가서 또래 노인들과 함께 자신이 배운 바를 나누는 계기를 꼭 만들라 권하고 싶다.

셋째, '이제 나이를 먹었으니 나는 좀 대우받으며 살아야 된다'고 고집한다면 그건 좀 안타까운 일이다. 나이에 상관없이 젊은 마인드로 살아가는 사람들이 훨씬 많다. 남에게 의존하기보다 누군가를 도와주려는 마음을 가진 이라면 누구나 먼저 존경을 표하기 마련이다. 자신이 쌓은 선업善業은 그대로 쌓여 결국 나에게 돌아온다. 이런 일을 행하는 소중한 공간이 경로당만큼 좋은 곳이 어디에 있겠는가?

누구보다 노년세대의 고충을 잘 알아줄 이는 또래 노년층이다. 이들이 모여 만든 소중한 사랑방 문화가 한층 발전되고 계승되기를 바란다.

노년연가

비워야 채울 것이
많아진다

한때 디톡스Detox라는 건강법이 회자된 적이 있었다. 정신적 스트레스, 오염된 환경, 기름진 음식, 화학물질로 가득한 생활환경 등이 몸속에 쌓일 경우 독소가 되니 이를 모두 비워낸다는 요법이다. 금식을 통해서 장을 비우고 명상을 통해서 마음을 덜어내 건강을 회복한다는데, 과거 잠시 유행했다가 자취를 감췄으나 대체요법으로 다시 각광받고 있다.

생각해보면 너무 오래 채우는 데에만 급급하며 살아왔다. 비움에 대한 진지하고 적극적인 생각이 모자랐다. 비우는 것이 꼭 잃는 것만은 아니다. 비움으로써 더 많은 것이 채워지기도 한다. 관점에 따라 달리 해석될 수 있으나 기업의 구조조정 역시 그런 비움의 연장선상이 아닐까 싶다. 엄청난 고통과 후유증이 따르겠지만 결국 기업 경영이 투명해지고 경쟁력이 생겨나는 척도로 여겨진다.

서양에서도 이런 비움의 미학에 대해 관심이 높다. 요가와 선을 통한 마음 수양에서 철학적이고 종교적인 관심으로까지 확대되고 있다. 한때 동양적인 미의 개념으로 유행한 적이 있는 젠禪스타일도 그런 영향에 힘입었다.

'비운다는 것'의 의미를 다시 생각해 볼 때이다.

우리 삶 자체가 급격하게 서구화되어 왔기에 비워야 할 것들이 너무 많다. 쉬운 예로 집안의 창고나, 책상 서랍, 서재 등 둘러보면 거의 모든 공간이 가득 채워져 있다.

뇌는 어떤가. 각종 편리한 기기와 매개물을 통해 세상에서 들어오는 온갖 정보들로 포화 상태에 이르렀다. 프랑스에서 활동하는 베트남 승려 탁닛한은 사람들이 온갖 정보들의 공격을 받아 정신적으로 육체적으로 병들어가고 있다고 진단했다. 느리게 살고 비우며 살아야 한다고 설파하는데, 서양은 물론이고 우리나라에서도 많은 공감을 얻고 있다.

종교 의식에서 명상이나 묵상도 결국 비움의 한 과정일 터. 그런 의미에서 나는 노인일수록 종교를 가져야 한다고 믿는다. 인생에서 노인만큼 많은 것을 채운 세대가 있을까. 오랜 시간동안 쌓인 아집과 고정관념과 같은 좋지 못한 불순물은 물론이고 심지어 지식과 경험, 인품까지도 어느 정도의 '비움'은 필요하다.

아무리 좋은 것도 이미 꽉 들어차 있다면 새로운 것이 범접할 수 없다. 노인들은 더구나 스스로 채운 것이 많기에 좀처럼 잘 비워내지 못하는 경향이 있음을 인식할 필요가 있다.

덜어냄에 대한 또 다른 방식, 기부

나이 들어서 '비움'을 잘 실천하는 이들도 꽤 눈에 띈다. 사실 경제가 어려워지면서 기부 문화도 예전만 못하다는 게 요즘 사회 분위기이다. 사회복지공동모금회에 1억 원 이상을 기부하면 가입하게 되는 '아너 소사이어티'에는 최근 70, 80대가 눈에 띄게 늘어났다고 한다. 지난 2009년까지

우리는 돈이나 출세,

권력의 많은 축적이

성공이라고 생각한다.

그러나 아무리 돈을 많이 벌어도,

아무리 높은 지위에 올라가도,

아무리 큰 권력을 쥐어도

나의 행복을 보장해주지는 않는다.

는 단 한 명도 없다가 2016년 아너소사이어티에 가입한 70, 80대가 41명이나 된다고 하니 기부문화에도 변화의 조짐이 보인다.

이 통계를 알게 된 것은 필자 역시 기부를 하면서 1,000호 아너소사이어티 가입자라는 통보를 받고 나서였다. 돈이 많아 기부하는 것이 아니라 마음의 여유가 있어야 기부할 수 있음을 실감했다. 노년층의 기부는 비단 고액 기부자만으로 국한되지 않는다. 소액 기부자 중에서도 자신의 적금을 매달 기부하는 이들이 있는가 하면, 어려운 형편에 용돈을 쪼개 기부하는 고령층도 많다. 마음의 여유를 덜어 누군가에 나누면, 그것이 다시 채워진다는 선순환을 오랜 세월동안 자연스레 체득한 때문이 아닐까.

필자는 나이 칠십이 넘어 교회를 찾아가 예수

님께 귀의했다. 비록 화려하고 훌륭한 삶을 산 것은 아니었지만, 스스로 이룬 것들을 비우기 위함이었다. 교회에 나가 하나님을 영접하고 나니, 나에게 얼마나 많은 교만과 과잉이 있었는지 알게 되었다. 비워야 새로운 것이 채워질 수 있다. 우리 노년세대에게 꼭 필요한 말이 아닌가 싶다.

노년기의 심리적 관문, 자기평가

자기 인생이 실패한 듯한 느낌과 생의 허무함을 토로하며, 좀처럼 그 늪에서 빠져나오지 못하는 이들이 적지 않다. 노인에게는 빈번하게 생길 수 있는 심리 상태로, 우리 사회가 주의 깊게 살펴봐야 할 문제이다.

발달심리학에서는 사람은 발달 단계마다 이뤄내야 할 과제가 있다고 규정한다. 애들은 애들대로, 젊은이는 젊은이들대로 그 시기에 도달해야 할 과제가 있듯이 노년기도 마찬가지이다.

인생에서 살아온 날보다 살아갈 날이 적어진 시기가 노년기이다. 이런 사실을 피부로 느끼기 시작하는 건 보통 60대부터이다. 갈수록 확연해지는 노화와 생각지도 않은 질병을 하나둘 겪다 보면 '이제 죽음이 한발 내 앞에 가까이 와 있다'는 서늘한 느낌마저 든다.

이때, 대부분의 노인들은 문득 자기 삶을 회고하게 된다. 앞으로 주어진 시간이 많이 남지 않았는데도 미래에 대한 생각 보다는 오히려 살아왔던 날들에 대한 생각의 비중이 늘어난다. 그리고 자신의 삶을 되돌아보면서 내 삶이 가치가 있었는지 평가를 하게 되는 것이다.

이러한 양상은 우리가 인간이기 때문에 피할 수 없는 단계이다. 짐승은 그냥 죽을 때 되면 죽는 것을 순리로 받아들일 뿐이다. 사람은 동물과 달라서 풍족하게 의식주를 해결하더라도 만족하는 존재가 아니다. 자기 삶이 의미 있기를 바라고, 가치 있기를 기대한다. 그걸 바라는 유일한 존재가 바로 인간이다. 흔히 '사람은 죽어서 이름을 남긴다'는 말이 회자된다. 단순히 유명해지길 바라는 차원이 아닌 기억될 수 있는 사람이 되기를 바라는 소망이다.

삶의 회고는 노년기의 중요한 심리적 관문인데, 삶을 돌아보면 결국 두 가지로 나뉜다. 내 인생을 긍정적으로 평가하거나, 부정적으로 평가하는 것이다.

'최선을 다해서 잘 살아왔다'고 스스로 정의한다면 삶을 만족스럽고 보람 있게 느끼고 온전히 자신을 수용하게 된다. 스스로 자신을 격려하는 자아가 확립된다는 말인데, 이런 노년기를 맞는

다면 원숙한 심리 상태로 훗날 초연히 죽음을 맞이할 수 있게 된다고 심리학에서는 말한다.

만약 부정적인 평가가 내려지더라도 그 자체에 너무 집착하지는 말자. 생의 많은 갈래 길은 결국 하나의 선상으로 귀결된다. 더 이상 내 상처만 붙들고 있어봤자 남는 것은 아무것도 없다. 자신에 대한 수용을 감내하기 위해선 남은 시간 동안 미래 세대를 위한 진지한 생각이 보다 치유적인 자세이다. 어차피 우리 모두는 생명의 한계를 지닌다. 그러나 우리 세대가 세상을 떠난 다음에도 후손들은 또 살아갈 것이 아닌가.

기초연금,
차등지급이 맞다

바야흐로 무한 경쟁 시대다. 개인의 경쟁력이 쌓여 사회의 경쟁력이 되고, 곧 국력이 된다. 국가는 개인의 복지를 최대한 확보하고, 개인은 사회와 나라에 다시 이바지한다. 이처럼 '건전한 복지'가 매우 중요한데, 종종 정치적 포퓰리즘으로 문제가 발생되기도 한다. 과도한 복지 정책으로 나라의 경쟁력을 잃는 경우를 세계사 속에서 어렵지 않게 찾아볼 수 있다.

현재의 노인들은 험난했던 역사를 극복하고

노년연가

대한민국을 일류국가로 발돋움시키는 데 결정적으로 기여한 세대다. 그 만큼 노인들을 대우하고 제대로 된 복지를 실현하는 게 우리 사회의 중요한 과제이다. 그런데, 최근 노인 인구가 기하급수적으로 늘어나면서 노인복지 문제가 화두로 떠올랐다. 더구나 OECD 국가 중 우리나라는 심각한 노인 빈곤률을 보이고 있는 상황이다.

매번 선거철이 되면 노인의 복지를 책임지겠다는 정치권의 선심성 공약이 쏟아진다. 노인과 예비 노인세대를 합하면 1천만이 넘는 유권자가 형성된다. 이들 세대의 환심을 사지 않고서는 집권 자체가 어려운 까닭이다. 대통령 선거에도 정파를 떠나 앞 다퉈 노인을 의식한 공약이 나왔었다. 그 한 예로 모든 노인을 대상으로 한 기초노령연금 20만 원 지급을 들 수 있다. 당시 대한노인회 중앙회장이었던 필자로서는 반가운 공약이 아닐 수 없었다. 그러나 한편으론 걱정이 앞섰다. 나라의 재정이라 함은 써야 할 곳이 많고 재원은 한정되기 마련이다. 파격적인 기초노령연금 인상이 국가에 괜한 부담을 지우지는 않을까 하는 우려 때문이었다.

아니나 다를까, 새로운 정부가 출범하면서 이 공약에 대한 전면적인 재검토가 이뤄졌다. 공약 후퇴인 만큼 책임을 물어야 한다는 목소리가 여기저기서 흘러 나왔다. 곰곰이 이를 지켜보다가 광범위하게 노인들의 의견을 묻기로 했다. 현재보다 앞으로의 상황이 더 문제였다. 우리나라의 고령화 속도는 세계에서 유례를 찾아보기가 힘들 정도로 빠르다. 이런 초고속 고령화의 추세라면 향후의 재정적자가 훨씬 가중될 것이 뻔했다. 오늘날의 선심성 공약 하나가 자손 대대로 부담으로 남게 되는 것이다.

노년연가

필자는 학식 있는 노인부터 서울역에 노숙하는 분들, 쪽방촌에 거주하는 분들, 일반 노인들까지 가릴 것 없이 자문을 구했다. 결과는 놀라웠다. 자신의 이익이 관련된 문제임에도 불구하고 대다수의 노인들은 일률적인 기초노령연금 인상에 대해 반대 입장이었다. 이를 계기로 기초연금 인상에 대하여 노인의 소득 하위 70%까지만 지급하는 안을 정부에 건의했다. 또 소득 하위 70%에 속하더라도 소득에 따라 차등지급하는 안을 추가로 내세웠다. 대한노인회는 노인을 위한 이익단체이지만, 우선 나라가 있고서야 노인도 있을 수 있지 않겠는가?

정부와 국회에서는 반색을 했다. 이미 공약을 통해 천명한 사안이라 철회하기도 어렵고, 그렇다고 강행했다가는 재정적자가 불 보듯 뻔한 상황이었다. 그 직접적인 이해당사자인 노인단체가

노인 계층의 빈곤 문제에 대한

실질적인 해결을 위해서는

기초연금을 확대해야

한다는 취지의 찬성측과

천문학적인 비용과 재원 충당의

어려움을 근거로 반대하는

측이 나뉘지는 게 현실이다.

노년연가

앞서 축소안을 제시하는 입장을 취해주었으니 반가울 만했다.

오늘날 대한민국 노인은 충분한 복지 혜택을 받을 만한 자격이 있는 분들이다. 일제 강점기 잃었던 나라를 되찾고, 한국 전쟁의 폐허를 딛고 일어나 우리나라를 세계 속의 국가로 다시 일으킨 장본인이다. 그러나 나라가 어려운 상황에서 무조건적인 복지만을 요구해서는 안 된다. 노인복지에 관해서는 정치권이나 젊은 세대가 이를 제한하자고 나서기도 쉽지 않다.

결국은 노인이 나서야 한다. 스스로의 권리를 조금만 유보하고, 젊은 세대들에게 여유와 기회를 주자. 우리 스스로가 기꺼이 마중물이 되는 게 사회와 후손들을 위한 어른으로서의 참 모습이라 감히 말하고 싶다.

잊혀져 가는 오래된 한옥에 대한 단상

주택은 주거라는 확연한 성격을 띠고 세월이 흘러감에 따라 극명한 생성변화의 과정을 거친다. 유감스럽게도 오늘날 주택은 재산 증식의 수단으로 치부되는 경우가 많다. 현재 아파트에 살고 있는 필자 역시도 이점에서 결코 자유로울 수 없을 듯하다.

1인당 10평 정도의 공간이 인성人性에 가장 적합하다고 하는데 까닭 없이 넓고 큰 집, 화려하고, 웅장한 집만을 바라는 이들도 적잖다. 그런 이들에게 집은 경제력을 과시하기 위한 척도이거나 아픈 곳을 가리는 장소로서의 역할 외에는 아무런 의미도 없다. 현학玄學이 곧 지혜의 드러남이 아니듯, 화려하고 웅장한 집이라 해서 충실한 삶을 담으리라는 가설은 성립하지 않는다.

정신없이 돌아가는 현대생활 속에서 주택의 형태와 기능 변화는 물론 멋을 담고 찾아내는 건축적 맥락을 투영해 보는 사람은 얼마나 될까? 결국 우리 오래된 한옥에서 그 실마리를 찾는다.

우리는 '한복', '한식'과 같이 '한옥'이라는 말을 흔히 사용한다. 글자 그대로 한국의복이나 한국 음식처럼 한국주택이라는 뜻으로 통용되겠지만, 여기에는 한국식이 아닌 것과 대비시키려는 의도가 내포된 듯하다. 때문에 단순히 한옥을 '한국주택'이라고 단정 지을 수도 없을 것 같다.

한국 땅에는 한옥도 양옥도 있을 수 있으니 한국에 있는 주택을 말하는 것은 아닐 것이고, 더욱이 한국인이 지었다고 해서 반드시 한옥이 되는 것은 아닐 터, 한국인이 지은 주택을 말하는 것도 아닐 것이다. 우리가 어떠한 주택에 대하여 '이것은 한국식이고 저것은 한국식과 서양식이 결합되었다'라는 표현을 사용하는 것으로 볼 때 어디에 있건, 누가 지었건, 한국식으로 지은 주택을 한옥으로 보는 것이 타당하다.

자연을 살리고 인공을 겸양한 정신

자연을 관조하며 그곳에서 생의 유연함을 배웠던 우리 조상들은 한옥을 지을 때 반드시 주위 경관요소와 어울리도록 결코 사치스럽지 않으면서 궁색하지 않은 단정한 집을 지었다. 기본 향을 정하는 핵심으로 건물마다 고유한 안대(案帶 : 바라보는 산 또는 봉우리)를 보고 사랑채와 마루의 향을 정했는데, 받아들이고 끌어들이는 볼거리를 찾은 옛 사람의 지혜가 느껴지는 대목이다.

집 주위에 산재해 있는 바람, 풀 그리고 하늘까지 포함한 모든 자연요소를 포용의 대상으로 삼았다. 즉 자연을 살리고 인공을 겸양하는 우리의 정신이 한옥에는 깊게 배어 있었던 것이다. 뿐만 아니라 마루와 구들의 탁월한 기능, 빛을 조절하는 깊은 처마, 추위와 더위에 대응하는 자연조절기법 등 아파트라는 서구의 주거형태에서는 도저히 흉내낼 수 없는 장점을 가지고 있었다. 노년의 삶이 깊어갈수록 그 옛날 한옥이 그리워지는 이유인지도 모르겠다.

우리는 어느새 구들 아랫목의 따끈함보다는 침대의 푹신함에 익숙해져 버렸다. 물론 지금의 주거가 기술과 기능면에서는 발전하였고 편리해졌지만, 그보다도 한옥에 담긴 깊은 정서는 잃어가고 있는지 모른다. 우리나라 한옥은 한마디로 자연을 거스르지 않고 자연과 인간이 공존하는 삶에 중심을 둔 주거공간이었다. 시대가 지나 모습과 기능은 변화하거나 사라졌지만, 그 고유한 가치는 여전히 유효한 한옥을 우리는 단지 '옛것'으로만 바라보고 있다.

마음의 영상으로 남아 있는 유년시절의 집. 빗장을 지를 필요가 없이 문을 밀면 한가한 뜨락에 햇살이 가득히 쏟아진다. 성큼 집안으로 들어서면, 가만히 움츠려 있던 고즈넉한 정적대신 들어앉는 평화로움과 아늑함이 그립다. 바로 그러한 집은 홀로 존재치 않으며 혼자 불협화음을 내지도 않고 인간 혹은 자연과 어우러져 그 기품을 드러낸다. 빈객이라도 정성껏 맞아들일 수 있는 넉넉한 마음이 담긴 집, 마당 한구석에 어쩌다 핀 민들레 한 포기조차 보살핌이 미칠 수 있는 집, 그것은 공간의 문제를 넘어 생활의 문제이기도 했다.

불편하더라도 움직일 수 있는 공간

살기 좋은 집의 의미는 식당, 화장실, 방 등이 거실을 둘러싸면서 얼굴만 돌리고 손만 내밀면 접근되는 기능적 구성을 갖는 것은 아니다. 다소 거추장스럽고 불편하더라도 나가서 대문을 열어 주고, 손으로 문을 여닫으며, 좀 일어서서 걷고 가서 직접 얘기하고, 빗자루로 쓸고 걸레도 훔치면서 움직이며 생각할 수 있는 집이어야 한다.

오늘날에도 한국인들이 집을 짓는데 사용하는 일정한 방식이 있고, 그에 따라 많은 살림집들이 지어지고 있다. 말하자면 한국의 현대식 주거 문화에 의해 현대식 주택들이 산출되고 있는 것이다. 하지만 이러한 주택들을 한옥이라고 부르는 사람은 거의 없다. 현대식 주택들은 산업화 이후 서구에서 들여온 기술이나 방법 등 외국의 건축지식에 의해 만들어졌으며, 여기에 한국식이라고 할 만한 고유한 방식을 계승하고 접목하는 노력을 찾아보기 힘들었기 때문이다.

우리가 한옥을 전승함에 있어 단순히 골동품처럼 수집하고 보존하려 할 것이 아니라, 한옥 속에 담겨 있는 우리 주거문화의 가치를 발견하고 오늘날의 방법으로 되살려 낼 수 있어야 한다.

시대마다 당면한 상황과 가치가 있으므로 그 구성원들에게 적합하고 필요하다면 굳이 외국에서 들어왔다고 버려질 것도 아니고, 과거의 우리 것이라 하여 무조건 고수할 필요도 없다. 그러나 역사가 현재를 반영하는 거울이듯 현재의 우리 모습을 발견하고 우리의 상황과 가치관에 적합한 문화를 창조하기 위해서는 과거로부터 우리문화의 맥락을 이해하고 그 안에서 방법론을 구하는 방법이 정도正道일 것이다.

성공적인
인간관계를 위한
전제조건

노년에 주변과 원만하고 다양한 사회적 관계를 맺기 위해서는 몇 가지 원칙이 있다. 세상 모든 이치가 그러하듯 인간관계도 공짜는 없다. 씨앗을 심지 않고 꽃을 볼 수 없듯 사람과 사람 사이 역시 심은 대로 거두기 마련이다.

나이가 들다보면 체면만 앞세우고 가정에서조차 관계라는 측면에서 소홀히 하는 이들이 적지 않다. 자식은 자식이니 당연히 이래야 하고 새로

들어온 식구라도 있을라치면 집안의 법도와 가풍에 무조건 맞춰야 한다며 고집 부리기 쉽다. 이러할진대 요즘 같은 세상의 관계에 어떻게 진정성이 생겨나겠는가. 십중팔구 형식적이고 의례적으로 흐르기 십상이다.

　정신없이 바쁘게만 돌아가는 세상, 가만히 있어도 나를 알아서 배려해주고 일일이 응대해 주는 사람은 없다. 아무리 자기가 낳아 기른 자식이라도 알아서들 살갑게 다가오길 바라고만 있어서는 평행선만 그어질 확률이 높다. 결국 어른인 내 자신이 앞서 다가가는 게 중요하다. 부드러운 말, 먼저 내미는 손, 어렵고 힘들 때 챙겨주고 사정을 알아주는 관심과 정성이 필요하다.

　독불장군으로 어른 대접만 받기를 바라느니 가족은 물론 주위 사람들에게 스스럼없이 다가가

자. 어울리고 보듬어주면서 생의 즐거움과 행복을 함께 나누는 편이 훨씬 현명한 삶이다. 이를 실천하기 위해서는 나보다는 상대에게 관심을 기울이는 자세가 기본이다. 물론 시시콜콜한 지나친 관심도 문제겠지만, 무관심하고 무신경해 보이는 노인의 모습에서 벗어나야 한다.

노인의 심리적인 특성 중 하나가 안으로 더 깊이 마음이 향하는 내향성이다. 외부 세계보다는 자기 자신의 생각이나 감정을 판단 기준으로 삼고 심리적 에너지가 안으로만 향하게 된다는 말이다. 나이가 들수록 대화의 내용을 찬찬히 살펴보면 자신의 건강이나 신변과 관련된 얘기가 대부분이다. 모든 관심이 자신에게 쏠리다보면 자기중심성이 강해질 수밖에 없다.

과감하게 관심의 방향을 돌려보자. 상대방의

말과 마음에 귀 기울이고, 공감하고, 때에 따라선 오래 살아온 경륜과 지혜로 조언을 하다보면 인간관계가 그리 어렵기만 할까.

현실 전환

2장

희망

노인은 인생의 경륜과 삶의 지혜를 간직한 어른이다.
이들을 아름답게 바라보고 공경하는 사회가 진정 성숙한
사회다. 그러한 공감대 없이는 국가가 노인복지 예산을
아무리 투입해도 그 실효성을 장담할 수 없다.
각종 언론 매체에 기고한 글들 중에 사회와 노인과의
조화로운 접점을 주제로 한 주요 칼럼을 추출하여
시대순으로 정리하였다.

경로운임 책정에
노인 의견
반영했으면

● 동아일보 칼럼 / 2010. 7. 16.

지하철의 노인 무임승차가 논란의 대상이 되고 있다. 당국에서는 노인의 무임승차로 인해 적자가 난다는 논리인데, 결코 수긍하기 어렵다. 노인의 지하철 무임승차는 우리 사회 노인을 어르신으로 모시겠다는 경로효친 사상에 뿌리를 둔 제도이다.

현행 노인복지법 시행령은 경로우대시설의 종

류와 할인율을 명확히 규정하고 있다. 65세 이상 노인은 지하철을 비롯해 도시철도와 고궁, 국공립 박물관과 공원을 무료로 이용할 수 있다. 법을 어기고도 기어이 정책조정을 하겠다면 노인이 아닌 국민 누구도 수긍하기 어려울 것이다.

노인의 의견과 바람이 반영되지 않는 점도 문제이다. 노인이 지하철을 무료로 타서 적자가 난다는 판단이라면, 당연히 노인에게 묻고 합리적인 대안을 찾으면 될 일이다. 노인의 지하철 무임승차 논란은 연례행사처럼 불거져 나온다. 그래서 경로우대정책을 손질하겠다고 으름장을 놓더라도 노인 의견을 먼저 수렴해야 하거늘, 이를 생략한 채 조정한다니 어불성설語不成說이 아닐 수 없다.

노인을 위해 별도로 운행하는 열차가 있는 것

도 아니고, 노인의 무임승차로 인해 막대한 비용이 별도로 지출되는 것도 아니다. 다만 10년이나 20년 뒤를 내다보고 어떻게 단계적으로 대처할지를 앞서 논의하는 것은 필요하다고 본다.

현재는 노인 인구가 전체 인구의 10% 약간 넘는 수준이므로 현 제도를 유지하는 데 무리가 없다. 그러나 향후 20년 후 노인 인구비율이 전체 인구대비 20% 수준으로 증가한다면 70세 이상 노인에 한해서만 무임승차 혜택을 둔다거나 할인액을 차등 적용하는 보완책을 검토해 볼 만하다.

영국 런던에서는 노인에게 주중에 오전 9시 이후, 주말과 공휴일에는 시간제한 없이 시내버스와 지하철의 무임승차를 허용한다. 또한 민간업체에서 운영하는 관광버스도 20% 안팎의 할인혜택을 준다고 한다. 독일은 민간이 운영하는 버스

노년연가

에서 60세 이상 노인에게 다양한 할인 혜택을 제
공하기도 한다.

우리나라 역시 무임승차 제도를 마련하고 시
행한 당국에 대한 고마움을 모르는 바 아니다. 그
러나 노인을 어른으로 모시고 우대하는 우리 고
유의 아름다운 미덕이 경제논리로 인해 훼손되는
일이 발생되지 않기를 소망할 뿐이다.

대한노인회
국내 최초
'법정노인단체'로

● 백세시대신문 칼럼 / 2011. 3. 14.

대한노인회 지원에 관한 법률이 국회에서 통과되었다. 2011년 3월 11일 오후 4시 30분, 국회는 제298회 임시국회를 열고 '대한노인회 지원에 관한 법률안'(이하 대한노인회지원법)을 가결했다. 이날 총 299명 의원정수 가운데 225명이 재석해 찬성 217표, 기권 8표로 통과시켰다.

대한노인회지원법은 지난 1월 13일 민주당 이

낙연 사무총장을 비롯해 여야 의원 총 28명의 국회의원이 참여한 가운데, 한나라당 원희룡 사무총장이 대표 발의해 상정되었다. 국회 소관 상임위원회인 보건복지위원회 의결을 시작으로 법제사법위원회를 거쳐 이날 본회의에 상정된 만큼 신속한 법안 통과가 이뤄졌다. 고령화가 중차대한 사회적 문제로 떠오른 상황에서 노인사회의 자구적 노력과 의지를 긍정적으로 받아들인 국민적 공감대가 뒷받침된 결과이다.

이번 대한노인회지원법 제정으로 대한노인회는 창립 41년 만에 전국의 어르신들을 명실상부하게 대표하는 법정단체로 재탄생하였다. 당장 예산이 40억 원에서 1,000억 원으로 증액되고 국가와 지방자치단체로부터 대한노인회 조직과 활동에 필요한 비용을 보조받을 수 있게 된다. 대한노인회 260만 회원뿐만 아니라 전국 530만 노인들의 권익신장과 복지증진을 위한 실질적인 계기가 마련된 셈이다.

국가·지방자치단체 지원근거 확보

대한노인회지원법 제1조 "대한민국 노인의 권익신장과 복지증진 및 사회참여 촉진을 위하여 설립된 사단법인 대한노인회의 발전을 지원함으로써 민족의 번영과 국가·사회 발전에 기여함을 목적으로 한다"는 조항은 이번 법제정의 취지를 함축한다. 대한노인회지원법은 크게 국·공유재산 무상사용, 국가 및 지자체의 조직 활동비용 보조, 기부에 대한 조세특례적용 등 세 가지 항목이 주된 골자를 이룬다.

지금까지 대한노인회는 국가와 자치단체의 간헐적 또는 비정기적 지원에 의존하는 한계를 갖고 있었다. 더욱이 대한노인회는 '부양 받는 노인에서 사회를 책임지는 노인'이라는 캐치프레이즈를 내걸고 이를 실천하기 위한 동력이 되어줄 법률이 절실했던 참이었다. 새로운 법안 규정에 따라 확실한 지원근거를 확보하게 되었고, 이를 발판으로 더욱 다양한 사업을 전개해 노인권익 증진과 사회발전에 기여할 수 있으리라 기대한다.

마지막으로, 이번 법안 통과에 앞장서 준 이낙연, 원희룡 의원과 원활한 입법을 위해 도움을 주신 각 당 대표, 국회 보건복지위원장, 복지부장관에게 거듭 경의를 표한다. 특히, 뜻과 힘을 한데 모아주신 대한노인회 회원들을 비롯해 입법과정 준비부터 본회의 의결에 이르기까지 최선을 다한 대한노인회 임직원 여러분의 노고에도 깊은 감사를 드린다.

노인에 대한
인식을 바꾸자

● 백세시대신문 칼럼 / 2011. 4. 1.

최근 경춘선 전철이 개통됐다. 65세 이상 노인이라면 돈들이지 않고 서울과 춘천 사이 관광지를 당일에 둘러볼 수 있게 됐다. 서울에서 온양온천까지 운행하는 전철에 이어 노인들에게 큰 인기를 끌 것으로 보인다. 그런데 일부 언론의 보도에 따르면 무임수송제도를 이용하는 노인들을 부정적으로 보는 시각이 있다고 한다.

이유인즉슨, 노인들이 많아 좌석을 이용하기 어렵고 번잡하다는 것이다. 게다가 특별히 중요한 일도 없으면서 바쁜 시간대에 지하철을 이용해 젊은이들에게 피해를 준다는 말도 들린다. 현대 자유민주주의 사회에서 교통수단과 같은 공공재를 특정 계층만이, 업무용도만으로 사용하라는 법은 어디에 있는가. 노인들의 지하철 무임승차에 따른 사회경제적 파급효과는 연구가 더 진행되어야 하겠지만, 긍정적인 요소가 많다.

첫째, 건강한 노인이 많다는 것은 국가의 자랑이다. 고령화가 진전되는 가운데 건강하고 활동적인 노인이 크게 늘고 있다. 사회보장제도와 다양한 노인복지정책, 의료기술의 발달 덕분이다. 노인은 더 이상 병약하고 쓸모없는 존재가 아니다. 건강한 노인들이 왕성하게 활동한다는 사실은 국가적 자부심이다. 국가와 사회가 어르신들을 잘 모시니 그만큼 장수하는 것 아닌가.

둘째, 노인들이 움직일 수 있는 사회적 기반시설이 구축됐다는 점도 선진화 측면에서 바라봐야 한다. 노인인구가 530만명으로, 전체 인구대비 10%를 웃돈다. 그만큼 노인의 사회적 역할이 강조되는 가운데, 올해 정부와 대한노인회는 노인 자원봉사자 100만명을 육성할 계획을 내놓았다. 만약 지하철과 같은 교통수단이 마련되지 않았다면 생각할 수도 없는 일이다.

요즘에는 노인과 장애인 등 몸이 불편한 사람들을 배려한 '유니버설' 디자인이 각종 제품과 주택, 사회시설에 적용되고 있다. 이처럼 노인을 배려한 사회시설의 구축은 우리나라가 선진화되고 있다는 방증으로 반길 일이다. 다른 모든 부분에서 '선진화'를 주창하면서, 왜 누구나 맞이하게 되는 노년기의 복지에 대해서만은 논외가 되어야 하는가.

셋째, 노인이 건강하면 가정평화가 이뤄진다. 노인들이 하루 종일 집안에 갇혀 있으면 우울증에 걸리기 쉽고, 움직이지 않으면 신체적 건강이 나빠질 수밖에 없다. 심지어 노인학대로 이어지는 경우도 종종 있다. 사람의 신체는 적당히 움직여야만 건강을 유지할 수 있도록 설계되어 있다. 사회에서 은퇴하고 마땅히 여가를 누릴 대안도 마련되어 있지 않은 상황에서, 이동권을 보장해주는 지하철 무임승차는 세계에서도 가장 선진화된 노인복지정책의 하나다.

노인이 활발히 움직임으로써 사회적 의료비용을 경감시키고, 갈등의 소지를 줄이는 데 큰 역할을 한다. 노인의 건강악화는 가족의 경제적·심

노인 무임승차는

정부정책상의 복지일진데,

마치 큰 시혜施惠를 입는

것으로 호도되지 않았으면

하는 바람이다.

오늘날 대한민국을 일군

세대들이 당당하게 받아야 할

권리라고 생각한다.

노년연가

리적 부담을 가중시키며, 국가 전체적으로는 노인의료비 증가로 이어진다. 결국 본인의 불행이지만 가족 불화의 원인이요, 국가적 손실이기도 하다.

넷째, 대한민국 노인은 사회적 존경과 혜택을 받을 만한 충분한 자격이 있다. 일제강점기와 6·25전쟁 등 국난의 고통을 극복하고, 새마을운동으로 상징되는 근대화 및 산업화를 통해 현재의 대한민국을 세계적인 경제대국으로 성장시킨 주역들이다.

불행히도 이들은 국가와 사회의 발전, 그리고 자녀양육에 헌신하다 자신의 노후는 전혀 준비하지 못한 세대다. 그런 이들에게 공공재의 일부를 무료로 이용할 수 있도록 하는 것은 경로효친사상에 근거한 사회적 효의 실천이다. 우리나라 복지 수준도 크게 향상되었다. 수많은 예산을 들여 무료급식을 하는 마당에 노인의 무임승차는 왜 문제삼는지 모르겠다.

다섯째, 노인에 대한 부정적 인식을 바꿔야 한다. 오래된 소나무, 즉 노송老松은 수많은 시간 동안 다져진 기개와 우아한 풍치, 사철 변하지 않는 푸름을 간직해 예부터 군자의 덕이나 선비의 기상을 상징했다. 전통의 가치를 누구나 인정하고 숭앙하기까지 하면서 왜 만물의 영장이라는 사람에게만은 그 원칙을 적용하는데 인색한가.

노인老人은 단순히 나이 들어 늙은 사람이 아니다. 인생의 경륜과 삶의 지혜를 간직한 어른이 다름 아닌 노인이다. 노인을 아름답게 보는 사회가 진정 성숙한 사회다. 물론, 아무것이나 오래됐다고 문화재로 칭하지 않는 것처럼, 노인들도 스스로 자신이 다른 이의 삶에 사표師表가 될 수 있도록 끊임없이 노력해야 한다.

노인들이 사회의 구성원이라는 자부심을 갖고 당당하게 활동할 수 있도록 응원하는 분위기가 필요하다. 내 아버지, 어머니가 허리를 곧게 펴고 힘차게 걷는 모습을 상상해 보자. 사회적 관심과 인식 변화는 노인들에게 '제3의 인생 개척'이라는 값진 선물을 선사할 수 있다.

노인의 가치
스스로 만들자

● 중앙일보 오피니언 / 2011. 6. 21.

세계보건기구WHO가 최근 발표한 '2011 세계
보건통계 보고서'에 따르면 우리나라 평균 기대
수명이 80세를 돌파했다. 평균수명 80세는 역사
상 최초다. 1970년 한국인의 기대수명은 61.93세
였으니, 불과 40년 만에 '일생'이라는 개념이 20
년이나 늘어난 것이다.

조선시대에는 평균연령 40대에 이미 손자를

보고 노인 대접을 받았다. 과거의 기준으로 본다면, 지금 사람들은 인생을 두 번 사는 셈이다. 60세까지 사는 게 얼마나 귀했으면 장수를 축하하는 의미로 회갑연을 열지 않았는가. 때로는 임금이 직접 나서 70세를 넘긴 신하들을 예우하는 차원에서 기로연耆老宴을 열기도 했다.

급격한 서구화와 산업화는 우리의 전통적인 효 사상의 본질을 크게 훼손시켰다. '빨리빨리'와 '눈에 보이는 성과'에 집착했던 탓이다. 특히 산업사회에서 노인의 역할은 그리 중요하지 않게 여겨졌다. 눈에 띄게 노인에 대한 대접도 소홀해졌고, 과거 상상할 수 없었던 패륜 범죄까지 일어나는 지경에 이르렀다.

역사는 돌고 돈다고 했던가. 지난 20세기 산업사회에 대한 반성이 일어나면서 다시 노인의 가치가 주목받고 있다. 앞으로 20~30년 이내에 젊은이 두 명이 노인 한 명을 부양해야 한다느니, 고령화가 재앙으로 닥칠지 모른다는 근거 없는 주장에 귀기울일 필요가 없다.

이제 노인은 더 이상 부양받는 대상이 아니라 오랜 경륜을 바탕으로 능력을 발휘할 수 있는 존재로 인식해야 한다. 많은 교육을 받고 육체적으로도 충분한 능력을 유지하고 있는 분들이 많다. 이 분들이 그 능력을 십분 발휘할 수 있도록 사회가 정책적으로 배려해야 한다.

올해 3월 '대한노인회지원법'이 이례적으로 신속히 국회 본회의를 통과한 것은 이런 시대적 소명을 잘 말해준다. 지난 40년 동안 인정받지 못했던 노인의 가치를 인정받기 시작한 증거라고 말하고 싶다.

노년연가

이제는 노인들이 시대의 부름에 발맞춰 나아가야 할 때다. 지난 시절 제대로 된 대우를 받지 못했다고 한탄할 게 아니라 노인 스스로 사회의 주역이라는 인식을 가져야 한다. 전쟁과 보릿고개를 이를 악물고 넘은 분들이다. 이 분들의 의지와 능력이라면 못할 일이 없다. '고령화 사회'로의 전환에 대해 걱정이 앞서서는 안 된다. 새로운 미래사회의 개념으로 다가설 수 있는 분위기를 조성해 나가야 한다.

노인 빈곤율 45%,
이대로 방치할
것인가

● 동아일보 칼럼 / 2011. 6. 30.

경제협력개발기구OECD가 처음 발간했다는 '한국을 위한 사회정책 보고서'에 따르면 우리나라 노인 빈곤율은 45%에 이르는 것으로 조사되었다. OECD 평균(13%)의 3배가 넘고, 기초노령연금도 OECD 평균보다 낮으며, 장기요양보호제도 역시 OECD 평균의 5분의 1 정도 밖에 되지 않는 수준이다. 현 노년층의 외롭고 가난한 생활 실태를 압축적으로 보여주는 지표로 노년층의 양극화를 막을 선별적 복지가 필요한 시점이다.

국내 최대 법정 노인단체인 (사)대한노인회는 이 같은 노인 빈곤을 해소하기 위해 다양한 노력을 기울이고 있다. 우선 취업지원본부를 통해 전국 노인들이 지역사회에서 취업 기회를 갖도록 적극적으로 알선하고 있다. 또 경로당에서 점심 식사를 해결하는 어르신들을 돕기 위해 쌀을 지원하는 등 다양한 방안을 내세워 실천하고 있다. 그럼에도 불구하고 현 노년층의 빈곤 해소에는 턱없이 부족한 실정이다.

노후 소득 보장을 위한 정부의 종합대책 마련이 시급하다. 첫째, 저출산과 고령화를 분리해서 논의해야 한다. 우선순위 없이 동등한 비중을 두어 대책이 수립되어야 할 것이다. 저출산으로 인한 우려와 사안의 심각성은 인정하지만 육아와 교육비 등 다양한 요인이 복잡하게 얽혀 있는 만큼 장기적 관점에서 체계적인 대안 마련이 요구된다.

당장의 출산율에 일희일비하는 것은 단기적 성과만 노린 응급처방에 지나지 않는다. 최근에는 무료급식과 반값등록금 등이 논쟁거리로 떠오르면서 빈곤 속에서 생활하는 노년층의 상대적 박탈감이 더욱 심화되고 있다.

현 노년세대는 오늘날 대한민국을 경제대국으로 일군 주역들이다. 이들이 기여한 노고에 대한 일정 부분의 보살핌을 소홀하게 대처하지는 않은지 점검해 볼 필요가 있다. 저출산이 가져올 미래의 예정된 여파에 미리 대비하되 당장의 문제인 노인 빈곤 해소를 위한 대책 마련에도 관심을 가져야 한다.

둘째, 현 노년세대에게 실질적인 노후소득을 보장해야 한다. 현재 노인의 70%에 대해 기초노령연금이 지급되고 있다. 그러나 노인 단독가구의 경우 월 9만2천 원에 불과해 생계는 고사하고 용돈으로도 부족한 실정이다. 기초생활수급자에게는 기초노령연금을 소득으로 잡아 생계 지원금에서 삭감하고 있어 공분을 사고 있다.

2008년까지는 모든 노인에게 월 3만 원 안팎의 교통비가 나왔다. 하지만 기초노령연금이 지급된다는 이유로 노령연금 대상에서 제외된 노인마저도 교통비를 받지 못하는 실정이다. 얼마 되지도 않는 푼돈을 놓고 줬다 뺏는 '촌극'이 되풀이되면서 노인들을 분노케 하고 있다.

기초노령연금법은 2008년부터 국회에 연금개선특별위원회를 설치해 기초노령연금 지급 대상 확대와 지급액 인상 등에 대해 논의토록 규정하고 있다. 법 규정을 위반하고 3년이 지난 올해 연금개선특위가 설치됐지만 노인들의 기대에 부응한 결과를 내놓을지는 미지수다.

한나라당은 지난 총선과 대선에서 월 30만 원 안팎의 기초연금을 지급하겠다고 했으나 실제 지급액은 그 절반 수준에도 미치지 못했다. 노인사회에서 '노인들의 표를 얻기 위한 선심성 공약'이라는 비난이 나오는 것도 당연하다. 이제라도 정부는 노인들의 소득 보장과 일자리 창출을 위해 정책적 지원 방안을 모색해야 마땅하다.

노인사회가
변하고 있다

● 국민일보 칼럼 / 2011. 9. 2.

농어촌 경로당으로부터 서울 중심 아파트촌 경로당까지, 전국 260만 회원은 물론 540만 노인을 대변하는 단체가 바로 (사)대한노인회이다. 이처럼 방대한 단체를 책임지고 대표하는 막중한 기회를 위임해준 전국의 회원 여러분들을 위해 자긍심을 갖고 의욕적으로 일을 추진해왔다.

얼마 전, 어떤 분이 대한노인회 중앙회를 방문

했다. 지하철 폐지 수거를 해 오던 노인들이 서울메트로의 정책 변경으로 더 이상 폐지 수거를 못하게 됐으니 이를 다시 할 수 있도록 해달라는 청원이었다. 그동안 관행적으로 해오던 노인들의 폐지 수거를 막고 서울메트로가 별도의 용역직원을 통해 폐지를 수거해 재원을 마련하겠다는 방안이 부당하다는 의견이었다. 일견 타당한 말이고, 검토해 볼 만한 사안이어서 서울메트로 쪽에 업무협조를 해볼 수 있겠다 싶었다.

전국 지회 취업센터 배치로 일자리 창출

그는 이야기를 나누고 돌아가면서 "대한노인회가 한가로이 노인들 사랑방 역할을 하는 곳인 줄만 알았는데, 직접 와보니 모두가 바쁘고 역동적으로 일을 하는 것 같아 놀랐다"고 말했다. 일을 열심히 해달라는 덕담으로 건넨 말일 수도 있겠지만, 회장인 필자의 마음은 적잖은 충격을 받았다. 그동안 노인회의 이미지가 이런 수준이었던가? 대한노인회를 은퇴한 노인들이 소일삼아 일하는 공간으로 인식될 수 있다는 점도 어느 정도 이해가 된다. 그러나 현재 노인의 위상과 역할은 크게 달라졌다. 과거처럼 '뒷방 늙은이'의 역할을 해서도 안 되고, 할 수 없도록 시대가 변하고 또 요구하고 있다.

노인인구가 세대 구성의 10%를 넘었다. 머지않은 미래에 인구 구성의 20%까지 육박할 정도로, 고령화 사회는 성큼 다가오고 있다. 노인들이 역동적으로 일을 함으로써 사회와 국가에 보탬이 되면서, 새롭게 '2모작 인생'을 살아가고 있다. 그동안 쌓은 능력과 지혜를 발휘해 보람을 찾는 사연들이 늘어나고 있는 게 요즘 세상의 변화된 모습이다.

사회와 정부의 인식변화도 시급하다. 노인들이 "우리도 충분한 능력이 있다. 일할 기회를 제공해야 한다"고 외친들 정책 수립자들의 인식이 바뀌지 않으면 진정한 변화는 일어나기 어렵다. 대한노인회는 그동안 부양만 받아오던 과거의 인습을 과감히 떨쳐버리고 모두가 역동적으로 뛰고 있다. 중앙회에 취업본부를 두고 하부조직으로 전국 245개 지회마다 취업센터를 배치해 노인 일자리 창출을 위해 팔을 걷어붙이고 있다.

고고한 백조는 물 위에 우아하게 떠 있지만 물 밑에서는 그 자태를 유지하기 위해 열심히 물질을 하고 있는 물갈퀴의 역할을 잊어서는 안 될 것이다.

노년연가

소득과 건강 이외에

행복한 노후를 보내기 위해

중요한 것은 시간 활용이다.

젊은이들이나 할 수 있는

힘든 일은 못하겠지만, 원숙한

노련미에 의해 지적 노동과

지혜를 요구하는 일은

충분히 노인도 할 수 있다.

老年戀歌

말은 그 사람의
'인격'이다

● 동아일보 칼럼 / 2011. 11. 15.

얼마 전 지인과 대화를 나누던 중 우리나라의 경어체계가 4단계로 이루어져 있다는 말을 들었다. 기억을 되돌려 보니 예전에 우리가 쓰던 말은 높임법에도 층위가 있고 하대에도 단계가 있음을 새삼 생각하게 되었다. 그 예로 극존칭인 '하십시오', 존칭인 '해요', 그보다 약간 하대인 '하게', 극히 하대인 '해라' 같은 말을 들 수 있다.

상대가 누구냐에 따라 적절히 쓸 수 있는 다양한 경어는 상대방과의 관계를 부드럽게 할 뿐만 아니라 자신의 품격을 높이는 더없는 수단이다. 과거에도 처음 만나는 사이에는 아무리 나이 차가 많이 나도 함부로 '해라'식의 말을 쓰지 않았다. 그만큼 적절한 존대의 말은 그 사람의 교양을 가늠케 하는 척도가 되었다.

허물없이 막역한 사이라 할지라도 예의를 갖추는 것이 원래 우리 문화이다. 그런데 언제부터인가 부드러운 말투는 사라지고 막말(?)만이 횡행하는 시대가 되고 말았다. 요즘 거리건 찻집이건 주점이건 나이 지긋한 사람들이 모여서 하는 말들을 무심히 듣다보면 민망할 때가 적지 않다. "야, 이놈 김가야. 니 잘난 맛에 사니 좋으냐?", "이런 망할 놈이 누구 보고 건방지게, 옜다 이거나 처먹어라~"

술 한 잔 나누며 허물없이 친구끼리 하는 말을 갖고 뭘 그리 따져 묻느냐면 딱히 할 말은 없다. 그러나 나이 지긋한 어른이 젊은이들이 쓰는 욕설에 눈살을 찌푸리는 것과 마찬가지다. 젊은이들 역시 머리 희끗희끗한 어르신들이 아무리 친구 사이라도 목청껏 나오는 정제되지 않은 막말이 달가울 리 만무하다.

우리 어머니들 역시 장성한 자식이 장가를 가고 시집을 가고 나면 이후에는 대놓고 하대하지 않았다. 어머니로서는 아들이 나이를 먹어도 철없이 어리게만 보이는 것이 인지상정이건만, 자식이 다른 사람에게 비춰지는 격을 생각해 그리한 것이리라. 그래서 아들을 보고 "자네 왔는가. 그동안 어찌 지냈는가, 아이들은 무탈한가"라며 물었다. 오랜만에 본 아들이 어찌 반갑지 않고, 순간 입 밖으로 튀어나올 수 있는 모성의 말을 왜

노년연가

제어하겠는가. 우리 어머니들의 마음은 그보다 더 깊은 곳을 향해 있었다.

사람이 가장 아름다울 때는 싱그러운 젊은 날이다. 그런데, 품격을 갖춘 나이 든 사람의 멋도 그 못지않다. 사람의 성품이 가장 잘 드러나는 것이 바로 말 아니겠는가. 지하철에서 자리를 양보하지 않는 젊은이를 보고 "요즘 젊은 놈들은 기본이 안 되었다"고 성을 낼 것이 아니라 "젊은이, 내가 다리가 아프니 자리를 양보해줄 수 있겠나" 부드러운 말로 얘기한다면 맞잡고 싸울 젊은이가 누가 있겠는가.

세태가 우리 때와 다르다고 한탄만 할 게 아니라 나이 든 사람들 스스로 품격에 맞는 언행을 하고 있는지 한 번쯤 되돌아보자.

정의正義에 민감하고, 민의民意에 충실하길

● 국회보 기고 / 2012. 3.

노인들에게 정치는 항상 뜨거운 감자다. 반세기 이상 오랜 세월 온갖 풍파와 싸워 이겨내는 과정에서 어제와 오늘, 내일의 삶을 결정짓는 중대한 변수 중에 하나가 정치라는 사실을 체득體得했다. 정치인들의 말 한마디, 입법에 대한 의지, 그들이 옮기는 발걸음에 얼마나 많은 국민들이 울고 웃는지 일상의 삶 속에서 생생히 목도하고 경험했기 때문이다.

노년연가

정치란 무엇일까. 범상한 국민들에게 해박한 학식과 언변으로 위장된 뜻풀이는 중요치 않다. 정치를 바라보며 나와 가족의 안위를 확신하고, 국가와 사회의 장래를 긍정하면 그만인 것이 요즘 세태이다. 어느 나라에서나, 옳든 그르든 정치는 항상 '동네북' 신세를 면치 못한다.

최근 대한민국 정치1번지 여의도에서 생산되는 뉴스를 접하노라면 정치적 염증을 가감 없이 표출하는 국민들의 마음을 어렵지 않게 이해하게 된다. 신성한 의사당에서 혈전에 가까운 몸싸움과 욕설을 주고받는 국회의원들의 모습도 원인 중 하나이다. 아무리 첨예한 현안이라도 폭력을 앞세운 '일방통행'은 결코 국민을 설득할 수 없다. 당리당략에 따라 정치적 도구로 폭력을 사용했더라도 명분만은 잃지 않았다면 그나마 나은 편이다.

용서 받기 어려운 국회의원의 작태는 정작 다른 데 있다. 국회의원이라는 직함과 직위를 악용하는 행태이다. 국회의원이 사사로운 이익을 좇는다면 국민의 신의를 저버린 배신이자, 대의代議를 깨뜨리는 비열함에 지나지 않는다.

민초들은 평생 꿈도 꾸지 못할 재물을 탐해 검은 비리에 연루된 국회의원, 정치적 입지 확대를 목표로 부정한 로비를 일삼는 국회의원, 특정 집단의 이익만을 대변해 정치권력을 악용하는 국회의원 등등. 이 같은 인사들에게 면책특권을 부여하고 국회의원직 유지를 용인해준 국민의 잘못을 스스로 자책해야 마땅하다. 국민이, 자신을 대신해 의회로 보낸 대표가 바로 국회의원일진데 무슨 항변이 필요하겠는가. 국회의원이 저지른 잘못에 대해 크게 꾸짖어야 한다.

대의민주주의라는 큰 틀 안에서 나와 이웃, 나와 사회, 나와 국가와의 약속을 어기고 소인배적 이기주의에 타락한 잘못이 첫째이다. 또한, 행정부 및 사법부와 함께 국가권력의 한축을 이루는 입법부의 질서를 깨뜨림으로써 법치국가의 존엄성과 국민의 주권을 기망한 잘못이 둘째이다.

자신의 책무를 다하며 묵묵히 국민의 심부름꾼을 자처하는 신의성실한 여타 국회의원을 욕되게 한 잘못도 따져 물어야 한다. 민의의 전당인 국회에 탁수를 뿌리는 국회의원이 '공정사회'를 감히 논할 수 있겠는가. 한국사회가 이미 '공정의 잣대'를 기준으로 생동生動하고 있음을, 우리는 목도하고 있다.

오늘 저녁 밀실에서 나눈 귓속말이 내일 아침 인터넷에 떠다닐지도 모르는 요즘, 비밀은 점점 더 은신처를 찾기 어렵게 됐다. 그만큼 우리 사회가 투명해졌다는 말인데, 하물며 구태의연한 밀실정치가 생명력을 유지할지도 미지수다.

이제 국회의원에게는 우리사회의 다양한 스펙트럼을 흡수하는 능력이 절실히 요구되고 있다. 전문적인 지식을 갖춰야 하고, 국민을 위해 봉사하겠다는 희생정신도 겸비해야 한다. 정치자금 등 금전적 유혹으로부터 자유로울 수 있어야 함은 물론이다.

총선이 코앞으로 닥쳐오면서 최근 여야를 가릴 것 없이 공천을 받으려는 인사들로 문전성시이다. 행여 권력만을 쫓아 입신양명하려는 불순한 욕심을 가진 인사는 없는지, '금배지'에 수반되는 명예에 눈 먼 인사는 없는지, 직분을 망각한 채 사리사욕을 채우려는 인사는 없는지, 걱정이

노년연가

앞선다. 제19대 국회에서는 부디 정의正義에 민감하고, 민의民意에 충실한 국회의원이 더 많아지기를 간절히 염원한다.

경로당
'노-노 케어'가
정답

● 중앙일보 칼럼 / 2013. 3. 7.

대한민국이 인구 고령화로 인해 몸살을 앓고 있다. 정부는 고령화에 적극 대응하기 위해 다양한 노인복지 제도의 도입과 추진을 검토하고 있다. 이보다 더 중차대한 문제는 급속히 늘고 있는 노인들의 기본적인 삶의 질이 저하되고 있다는 점이다.

통계청과 경찰청에 따르면 2012년 노인 자살

자는 4,400여 명, 노인 실종자도 4,000여 명에 달한다. 하루 평균 12명의 노인이 스스로 목숨을 끊고, 치매 등으로 11명이 실종되는 끔찍한 상황이다. 이쯤 되면 '노인 자살 공화국'이라고 손가락질해도 뭐라 할 말이 없다. 또 노인 중에서도 혼자 사는 노인이 가장 열악한 상황에 처해 있다. 혼자 사는 노인은 2001년 58만9,415가구에서 2012년 118만6,831가구로 늘어났다.

정부는 현재 막대한 예산을 들여 혼자 사는 노인을 위한 돌봄 서비스 등 다양한 정책을 시행하고 있으나 그 개입에는 한계가 따른다. 물질적 지원과 함께 정서적 지지를 제공하는 것이 무엇보다 중요한데, 관 주도의 정책은 공감대 형성이 제대로 이뤄지지 않는 맹점이 있다.

고령화의 어두운 그늘에서 벗어나 노인이 행

복한 나라, 노년에 대한 걱정을 덜어주는 나라를 만들기 위해서는 가장 먼저 경로당 활성화가 선행되어야 한다. 경로당은 우리나라에만 있는 훌륭한 사회적 인프라다.

전국 6만2천여 곳에 달하는 경로당은 노인여가복지시설 가운데 접근성이 가장 뛰어나다. 전국 모든 마을 단위로 경로당이 운영되고 있는 만큼 이를 거점으로 건강한 노인이 돌봄과 도움이 필요한 이웃 노인을 지원하는 좋은 정책의 장이 될 수 있다. 이른바 '경로당 노-노(老-老) 케어 사업'이다.

노인의 존엄한 삶 보장

전국 경로당 운영을 관장하는 대한노인회는 올해 노노 케어 사업을 역점사업으로 추진한다. 이 사업은 국가의 막대한 노인복지 재정 절감은 물론 젊은 세대의 노인 부양 부담을 대폭 줄여 세대 갈등을 해소하는 발판이 될 것으로 믿는다.

정서적 공감대를 가진 건강한 노인들이 경로당을 기반으로 돌봄의 주체가 될 것이다. 이로써 고독과 소외, 질병에 고통 받는 노인들이 마음의 문을 열고 지역사회에 발을 내딛게 유도하는 효과 역시 기대된다. 또한 사각지대에서 신음하는 노인들의 삶의 질이 크게 향상될 것이다.

대한노인회는 경로당 노노 케어 사업을 성공적으로 안착시키기 위해 전국 245개 시·군·구 지회 가운데 5곳을 선정해 시범사업을 추진할 계획이다. 이를 통해 돌봄 제공 노인과 수혜 대상 노인의 욕구를 정확히 파악해 현실적인 시행 방안을 수립한 뒤 전국적으로 확대해 나갈 계획이다.

이 사업이 제대로 진행되려면 다름 아닌 노인의 자발적인 참여로 경로당이 활성화되어야 한다. 건강한 노인, 경제력을 갖춘 노인, 사회적으로 성공한 노인이 경로당 회원이 되어 경로당 노노 케어 사업에 적극 동참해야 한다.

현재 보건복지부와 대한노인회는 경로당 활성화를 목표로 한 인프라 구축을 위해 다양한 정책적 노력을 기울이고 있다. 건강한 노인은 자원봉사로, 돈 있는 노인은 경제적 지원으로, 사회적으로 성공한 노인은 인적 네트워크와 경륜으로 다른 노인들을 지원하도록 하는 방안이다. 특히 초기 치매 노인이 경로당을 거점으로 건강한 노인들의 돌봄을 받는다면 당사자는 물론 해당 가족의 고통을 크게 줄여줄 수 있으리라 기대한다.

전국 경로당에 웃음꽃이 만발할 때 대한민국

은 진정 노인이 평안한 나라, 그래서 국민 모두가 행복한 나라가 될 수 있다. 세계적으로 유례가 없는 우리만의 경로당이 대한민국의 지속 가능한 성장과 발전의 밑거름이 될 수 있도록 관심과 애정을 결집해야 할 때다.

노인에게 행복 주는
재능 기부 늘어나야

● 조선일보 칼럼 / 2014. 11. 18.

　(사)대한노인회의 재능 나눔 사업이 노인 행복 지수를 높이는 데 기여하고 있음에 보람을 느낀다. 재능 나눔이란 기초연금을 받지 않는 30%의 노인을 대상으로 재능 기부 활동의 기회를 주어 10만원씩 지원하는 사업이다.

　국내 노인들에게 가장 필요한 것 중 하나가 존재감과 성취감이다. 노인들은 이 사업을 통해 봉사의 즐거움을 느끼고 사회적 관계를 이어가며 건강까지 유지하는 다중 효과를 얻게 된다. 대한노인회 전국 연합회 및 166개 지회에서 3만 명이 이 사업에 참여했다. 이들은 독거노인, 거동이 불편한 노인, 초기 치매 노인 등을 돌보거나 각종 교육·상담 활동을 벌여왔다.

전국의 지회장·연합회장 등을 비롯한 재능 나눔 사업 참가자들은 최근 충북 충주와 전북 익산 등지에서 간담회를 열고 그동안 벌여온 사업에 대한 성과와 소감을 발표했다. 사업 참가자들은 정부와 대한노인회가 제공한 봉사 기회를 통해 행복감을 느끼고 자존감까지 찾았다며 고마움을 표시했다. 봉사를 받는 이들은 물론 행하고 나누는 이들 모두가 큰 만족감을 느꼈다고 입을 모았다.

기초연금을 받지 않는 30%의 노인은 비교적

노인에게 재능나눔 활동의

기회를 부여함으로써

사회 참여에 의한 노후 성취감을

높이고, 건강과 대인관계도

좋아지는 계기가 마련된다.

보다 새롭고 다양한 활동유형

프로그램 발굴이 요구된다.

노년연가

여유가 있다. 이들은 받는 돈보다 더 많은 돈을 쓰지만 사는 맛이 난다는 말도 한다. 지회장과 연합회장들은 정부와 여야 가리지 않고 이 사업을 적극 지원해준 점을 고마워하며, 내년에 더 많은 노인이 참여할 수 있도록 사업이 확대됐으면 한다는 바람을 밝혔다.

대한노인회는 '부양받는 노인에서 사회를 책임지는 노인'이라는 캐치프레이즈를 내세우고 사회 각 방면에서 참다운 어른 역할을 다하기 위해 애쓰고 있다. 2018년 평창올림픽, 제주 7대 경관 선정, 약사법 개정, 기초연금과 같은 중대 현안을 통해 절대적인 지지와 하나 된 모습을 보이기 위해 노력했다.

우리 사회는 세대·지역·계층 간 갈등을 해결하기 위해 250조 원에 이르는 엄청난 사회적 비

老年戀歌

용이 투입된다고 한다. 전국 650만 노인은 이런 갈등을 해소하고 안정적인 사회를 만들기 위해 일정한 몫을 담당한다고 믿고 있다.

나눔과 베풂을 통해 갈등을 해소할 수 있으며, 그것이 실현될 때 보호하는 이나 보호받는 이 모두 행복해지는 세상이 된다. 분열된 사회를 하나로 통합하고 창조 사회를 건설하며 노인을 행복하게 하는 재능 나눔을 더욱 확대해나가야 할 이유이다.

부양받는 노인에서
책임지는 노인으로

● 조선일보 칼럼 / 2015. 5. 26.

대한노인회는 최근 이사회에서 노인 연령 기준 상향 조정 안건을 만장일치로 통과시켰다. 이는 그간 공론화되지 못했던 사안을 활발한 토론의 장으로 끄집어냈다는 데 의미가 있다.

인간은 평균수명, 건강수명 연장으로 '100세 시대'를 맞게 되었다. 65세는 체력·외모로 보아 과거 노인과 다르다. 적지 않은 분야에서 65~75

세의 많은 어르신들이 아직도 활발히 활약하고 있다. 현재 노인 연령 기준이 되는 65세는 19세기 독일 재상 비스마르크가 노령연금을 도입하며 수급 연령으로 정한 나이에서부터 비롯되었다. 유엔UN은 1950년대 이를 바탕으로 노인 나이 기준을 제시해 유엔 가입국 대부분이 이를 기준으로 적용하고 있다.

노인 인구 650만 명인 우리나라는 이대로 가면 3년 후 고령사회에 진입한다. 서울의 경우 노인 인구(123만7,181명)가 15세 미만 유소년 인구(123만2,194명)를 처음으로 넘어섰다(2015년 4월 말 기준). 고령사회가 지속되면 세계 경쟁 구도에서 낙후되고 결국 국가 경쟁력이 떨어지게 될 것이라는 잿빛 전망이 지배적이다.

노인 기준 나이를 올릴 경우 문제점이 적지 않

다. 가족의 생활과 자녀 양육으로 인해 적절한 대비 없이 노년기를 맞이한 많은 노인들이 경제적 어려움을 겪고 있다. 65~70세에 속한 170여만 명의 노인이 기초연금·장기요양보험 등에서 제외돼 복지 사각지대에 놓인다는 사실을 간과할 수 없다.

노인 나이가 상향 조정되면 국민연금 등 공적연금 지급 연령 상향도 불가피해진다. 50세도 안 되서 회사에서 퇴출돼 연금 수령까지 뚜렷한 대책이 없는 베이비부머(1955~1963년생)의 불안정이 사회문제가 될 수 있다는 우려도 적지 않다.

방법은 있다. 단계적으로 나이 기준을 올려 문제점을 보완하고 국가가 선별적이고 종합적인 판단 아래 지원을 병행하면서 사회적 충격을 흡수하는 방안이다. 노인 나이를 상향하면 노인에 대한 부정적 인식을 줄이고 대거 은퇴하는 베이비부머 경제활동에도 긍정적 영향을 미칠 것으로 예상된다. 특히 생산가능인구가 급감하는 '고령화 쇼크'에도 어느 정도 대응할 수 있다는 게 노인 나이 상향 찬성론에 힘을 실어 주고 있다.

현재 노인 기준 나이는 자식 세대에 부담을 지워 국가 미래를 불투명하게 할 여지가 많다. 개인이 잘살아도 국가가 무너지면 무슨 소용이 있겠는가. 노인 나이 상향 조정을 공무원연금 개혁처럼 졸속 처리하지 말고 충분한 시간과 전문가 논의로 국민 합의를 이끌어 내도록 세심한 배려와 정책 연구를 뒷받침해 줄 것을 당국에 요청한다.

노년연가

절실함이 빠진 염원, '통일나눔펀드'로 다시 일으킨다

● 백세시대신문 칼럼
/ 2015. 10. 23.

지금의 노년세대는 일제치하를 거쳐 전쟁과 가난을 딛고 오늘날의 대한민국을 이룩한 세대이다. 열강의 틈바구니에서 세계에서 가장 가난한 나라였던 대한민국이 이 정도 국가적 위상을 가지게 된 것은 우리 스스로 자부심을 가져도 좋을 만큼 기적적인 일이다. 그러나 단 한 가지, 마음에 걸리는 문제가 있다. 남과 북으로 갈라진

채, 하나의 통일된 나라를 이루지 못하고 현재까지도 세계사의 마지막 분단국으로 남아 있다는 사실이다.

한겨레 하나의 민족이, 부모와 자식이 갈리고 형제자매가 서로 다른 체제에서 이산의 고통을 이어나간 시간이 어느덧 반세기가 훌쩍 넘었다. 남과 북이 갈려 서로 싸움을 할 때까지만 하더라도 이렇게까지 이별이 길어질 줄은 아무도 몰랐다. 기껏해야 몇 개월, 늦어도 몇 년이 지나면 다시 만날 줄 알았던 분단이 반세기가 넘도록 지속될 줄을 그 누가 알았던가?

이산離散의 고통은 온전히 노년세대의 몫이다. 이제는 그 긴 분단의 고통을 간직하는 이조차 하나 둘 세상을 떠나 그 기억마저 희미해져 가고 있다. 정권이 바뀔 때마다 '통일'은 우리의 가장 큰

노년연가

목표이자 실현해야 할 국가적 과제였다.

이산의 아픔을 간직한 사람들이 점차 줄어드는 상황과 비례해 어느새 '통일'은 우리에게 '반드시 이뤄내야 할 국가적 책무'에서 '하면 좋은 것'이라는 의미로 퇴색하고 있다는 생각이 든다. 지금의 노년세대가 세상을 다 뜨고 이산의 아픔을 간직한 이들이 다 사라지고 나면 과연 통일의 개념은 어떻게 변할까? 단순히 국가적 손익에 따라 움직이는 정책 대상으로의 통일로 전락하지는 않을지 우려마저 든다.

다름 아닌 우리 세대가 풀어야 할 과제

남과 북이 갈라져 서로를 경원하는 분단체제가 오래될수록 우리에게 하나라는 동질감의 시효는 줄어만 간다. 대한민국 노년세대가 다시 한 번 일어나야 한다. 우리에게 남은 마지막 숙제다. 전후 분단체제에서 태어난 이들에게 통일이란 뜨거운 감정의 문제가 아닌 날카로운 실리의 문제일 수밖에 없다.

절실함이 빠진 염원이란, 상황에 따라 해도 좋고 안 해도 좋은 것으로 변질되게 마련이다. 이래서는 안 된다. 원래 하나의 전통과 문화를 바탕으로 살아왔던 한 민족이다. 한 뿌리의 형제자매라는 사실을 분명히 깨닫고 있는 우리들이 나서야 할 시점이다.

지난 2015년, 대한노인회에서는 이런 염원을 일깨우는 행사를 진행했다. 강원도 속초 실향민 마을에서부터 제주도 해녀 마을에 이르기까지 전국 어르신 140여만 명이 모은 통일의 염원을 담은 펀드가 무려 14억7,400만 원에 달했다. 액수도 중요하지만, 그 참여 주체가 누구인가가 더욱

이목을 끈다. 대한노인회 회원들은 전국 245개 시군구 지회 중 199개 지회에서 통일나눔펀드 기부에 참여했다. 기초노령연금 20여만 원이 생활비의 전부라는 한 어르신은 1만 원을 기탁하면서 뜨거운 통일의 염원을 전달할 만큼 자발적인 기부로 모여진 기금이다.

눈시울이 뜨거워지는 열망이 아닐 수 없다. 대한노인회는 금번에 '통일과나눔' 재단과 업무협약을 맺었다. 통일기금 모금 사업과 더불어 여타 사업들을 공동 추진하고 홍보하는 데 협력하기로 합의했다. 해외 7개 노인회 지부에서도 참여할 것을 약속한 가운데. 앞으로 더 많은 노인회원들의 통일나눔 사업에 참여하게 될 전망이다.

일제 치하 국채 1,300만 원을 갚기 위해 4만 명이 넘는 사람들이 모금운동에 동참했던 국채보

상운동은 모금액이 230만 원이 넘었다. 지금의 화폐가치로 따지자면 690억 원에 이르는 엄청난 금액이다. 1997년 IMF 구제금융 사태를 맞이해 전 국민이 아기 돌반지까지 들고 나와 어려움을 이겨내고자 했던 금모으기 운동은 또 어떠한가. 당시 모인 금의 양이 약 227톤으로 21억 달러의 외채를 갚는 데 사용되었다. 이번 통일나눔펀드 역시 이와 비견될 민중참여운동이라 할 만하다.

우리 민족은 어려움에 처할 때마다 똘똘 뭉쳐 위기를 극복하고 새로운 시대의 서막을 열었다. 우리 노년세대는 아직 완수하지 못한 하나의 과제를 위해 다시금 의지를 모으고 있다. 통일을 위한 이 열정은 반드시 우리 민족을 또 다른 도약의 길로 이끌어 갈 것을 믿어 의심치 않는다.

노년연가

대한민국의
소중한 자산, 경로당

● 백세시대신문 칼럼 / 2016. 8. 1.

경로당이 변했다. 과거에는 할 일 없던 노인들이 모여앉아 장기나 두며 소소한 농담이나 주고받던 공간으로 인식되었다. 그러나 이제는 도서관, 원격 진료 시스템, 정보 검색 시스템까지 설치된 동네 주민 모두가 참여하는 커뮤니티로 진화, 발전하고 있다.

필자는 대한노인회 조직 중에서도 가장 기초

조직인 경로당의 중요성을 항상 강조해 왔다. 전국 6만 개가 넘는 경로당은 우리나라는 물론 세계적으로 유례를 찾아보기 힘든 자발적 네트워크이자 마을 사람들의 화합과 소통을 이끌어내는 창구 역할을 충실히 해왔다. 경로당 덕에 수많은 노인들이 삶에 안식을 찾았음은 말할 것도 없다.

경로당은 과거와 현재, 그리고 미래를 이어주는 소중한 자산이다. 과거 우리나라는 사랑방 문화를 통해 소통과 화합의 계기를 만들었다. 교통이 발달하지 못해 수십일 씩 길을 걸어가야 하는 나그네는 어느 집이든 들러 과객의 유숙을 청했고, 그런 과객은 먼 지방의 소식을 전파하는 훌륭한 소식통이었다.

마을의 대소사를 논의하고 결정하는 것도 바로 대가의 사랑채 기능이었고, 뉘 집 아들이 시험

노년연가

에 합격하고, 누구네 딸이 혼사가 오고 갔으며, 아무개가 아파서 거동을 못하는 등등의 사소한 마을 일들이 논의되는 자리 역시 사랑방 문화를 통해서였다.

과거와는 비교할 수 없이 발전된 문물을 사용하며 살아가는 우리는 과연 내 이웃의 안부를 얼마나 알고 있는가 묻고 싶다. 홀로 쓸쓸히 죽음을 맞이한 독거노인의 주검이 몇 달, 몇 해가 지나서야 발견되는 안타까운 소식이 심심찮게 들려오는 오늘날이다.

공동체의 진일보한 네트워크 시스템

경로당은 잃어버린 이웃과의 교류와 관계를 복원할 수 있는 훌륭한 네트워크 시스템이다. 최근 대한노인회는 다국적 기업 JTI코리아와 함께 '경로당 활성화 프로젝트'를 진행한 바 있다. 낙후

된 경로당이 지역주민 간의 소통을 겸할 수 있는 신개념 개방형 장소로 재탄생될 수 있도록 리모델링을 돕는 사업이다.

새롭게 변신한 경로당은 1층을 어르신 전용공간으로 만들고 도배, 장판 교체는 물론 소파, 의자 및 에어컨까지 설치해 한층 업그레이드 된 공간으로 탈바꿈하였다. 아울러 2층은 '초록북카페'로 변신했다. 2,000여 권의 장서와 커피와 차를 무료로 마실 수 있는 공간이 마련돼 동네 주민 누구나 이용할 수 있다. 시설과 집기를 마련하는 것은 그리 어려운 일이 아니다. 사회적 공감대와 더불어 예산만 준비되면 되는 것 아닌가. 하지만, 모든 조직이 네트워크화 되고 그 안에 문화가 자리 잡는 것은 매우 어려운 일이다. 경로당은 이 조건을 만족시킬 수 있는 소중한 자원이다.

차제에 경로당에 원격의료시스템도 설치할 것을 제안한다. 병원을 방문하고 싶어도 거동이 불편해 병원을 들르지 못하는 어르신들이 부지기수다. 이런 어르신들이 병을 키워 나중에 요양기관의 힘을 빌어야만 한다면, 국가 예산이 얼마나 낭비가 되겠는가? 문제는 우리나라 읍·면·동 단위까지 이러한 원격의료시스템을 갖출 만한 인프라의 부재인데, 경로당을 개방하여 활용하면 어떨까.

한국보건사회연구원의 2014년 노인실태조사에 따르면 우리나라 노인의 89.2%가 만성질환을 앓고 있다. 노인 1인당 평균 2.6개의 질환을 가지고 있으며, 노인들 소득의 23%를 보건 의료비용으로 지출하고 있다. 65세 이상의 노인의료비 지출이 2014년 19조8,604억 원에 이르렀다. 2060년이 되면 391조 원으로 급증할 것으로 내다봤다. 우리나라 GDP(국내총생산)에서 차지하는 비율을 따져보면 1.34%(2014년)에서 6.57%(2060년)로 늘어나는 셈이다.

전국의 경로당이 노인 건강을 지키는 데 최적의 장소라고 생각한다. 현재 300만 노인이 전국의 경로당을 이용하는 것으로 추정된다. 실질적인 노인 복지의 허브인 동시에 지역 네트워크의 구심점이다. 경로당을 통해 노인에게 알맞은 운동 프로그램을 개발하는 등 건강 증진 대책을 적극적으로 보급해야 한다. 또한 지역 보건소 등과 연계하는 원격 건강관리 시스템까지 구축할 수 있다면 노인들은 더욱 건강하게 행복을 누릴 수 있게 될 것이다.

과거 노인들이 소소한 하루를

보내던 장소로 인식되던

경로당이 변하고 있다.

이제는 도서관, 원격 진료 시스템,

정보 검색 시스템까지 설치된

동네 주민 모두가 참여하는

커뮤니티로 진화, 발전 중이다.

원격 건강관리
시스템과 경로당

● 조선일보 칼럼 / 2016. 8. 5.

최근 노인요양시설을 방문해 원격의료의 시연 試演 장면을 참관했다. 시설 관계자는 물론 시설에 입소해 있는 노인들과 간담회도 가졌다. 여러 관계자와 동행해 노인요양시설 현장에서 원격의료의 가능성을 타진해 볼 수 있는 소중한 기회였다.

미국 원격의료의 경우, 30%가 넘는 병원이 이를 활용하고 있다고 한다. 특정과의 세부 프로그램에 한정되지 않고 시스템 차원에서 그 활용이 확대되는 추세이다. 의료 서비스 사용자 측면에서 보면 지역적인 의료 결핍을 해소할 뿐만 아니라 빠르고 편리한 접근, 후속 조치, 만성 질환 관리, 이동 및 도달성 등에서 긍정적인 평가를 받고 있다.

노인요양시설에서 머무는 노인들은 대부분 거동이 어렵다. 이런 시설의 의료 업무는 시설에 고용된 전담 의사 보다는 정기적으로 시설에 방문해 진료하는 촉탁직囑託職 의사들이 주로 맡는다. 노인요양시설의 노인들은 고혈압이나 당뇨병, 피부·관절 질환 등 복합적인 건강 문제로 고생하는 경우가 많다. 이런 만성질환들의 경우엔 제때 치료를 받는 것이 무엇보다 중요하다. 그런데도 혼자서는 몸을 움직이기가 힘들 정도로 거동이 불편한 분들이 이런저런 이유로 치료시기를 놓쳐 증상이 더 심각해지는 경우가 적지 않다.

이번 현장 방문을 통해 빠르게 발전하는 정보통신 기술의 발전을 확인할 수 있었다. 이동형 기기를 활용해 혈압을 측정하고, 의료용 확대경으로 피부 상태를 촬영하고, 정밀 진료도 가능했다. 때문에 시설에 있는 분들이 불편한 몸을 이끌고 직접 병원에 가지 않아도 된다. 또 진료 받을 기회가 늘면서 담당 의사에게 궁금한 것을 자세하게 물어볼 수 있다는 점도 높게 평가되었다. 요양시설에 입소해 있는 노인들과 보호자, 요양보호사 역시 원격의료에 상당히 만족했다.

원격의료에 대한 갑론을박이 여전히 진행 중이고, 실효성 확보와 제도적 보완 역시 필요하다는 점도 알고 있다. 이를 차치하고도 전국 6만 4,000여 곳의 경로당이 노인의 건강을 지키는 데 최적의 역할을 할 수 있는 장소임에 틀림없다. 노인 복지의 허브로 활용되고 있는 동시에 지역 네트워크의 구심점求心點 역할을 하기에 충분하다.

경로당을 통해 노인에게 알맞은 운동 프로그램 등 건강 증진 프로그램을 적극적으로 보급해야 한다. 아울러 지역 보건소 등과 연계하는 원격 건강관리 시스템까지 구축할 수 있다면 노인들의 건강과 행복을 위한 현실적인 방안이 될 것이다.

노인 빈곤과
재정지원 대책

● 국회 저출산·고령화대책
특별위원회 〈저출산 고령화〉 자문안
/ 2017. 12. 30.

우리나라 고령화 문제는 세계에서 유례를 찾아볼 수 없을 정도로 급속하게 진행 중이다. 2010년 우리나라의 고령화율은 11%로 OECD국가 중 세 번째로 낮았지만, 2050년에는 38.2%로 일본에 이어 두 번째로 고령화율이 높은 국가가 될 것으로 전망된다. 이러한 노인인구의 증가는 피할 수 없고 더 이상 지체할 수 없는 다급한 우리의 현실이다.

빠른 은퇴와 함께 의학의 발달로 인간의 평균 수명이 늘어나 긴 노후를 맞이하게 되면서 노후 준비가 안 된 노인들은 경제적 어려움이 가중되고 있다. 더구나 노인을 부양하고 효를 중시하는 아름다운 우리의 전통은 소득 감소, 핵가족화 맞벌이 부부 증가 등의 사회풍토와 맞물려 개인주의적인 사고로 변화하고 있다.

급격히 늘어난 노인들은 충분히 일할 수 있는 육체와 정신 능력을 가지고도 사회에 기여하지 못한 채 인생의 1/3을 무기력하게 고통과 부담 속에 살아가는 게 현실이다. 독거노인이 200만 명에 이르고 하루 평균 노인 12명이 자살하고 11명이 실종되는 가운데, 노인자살률 1위라는 불명예를 얻고 있다.

노인 빈곤율은 기초연금 지급 등으로 다소 낮

아졌다고는 하나 아직도 OECD국가 중에서 중하위에 머물고 있는 실정이다. 이처럼 심각한 노인 문제의 근본이 되는 노인 빈곤의 원인을 심층 분석하고 이에 따른 해결방안 즉, 재정지원 대책을 강구해 나가야 한다.

빠른 퇴직과 불안한 노후 준비 부족

노인의 빈곤문제는 세계적으로 우리나라가 가장 심각한 수준이다. 통계청과 한국은행이 발표한 '2016년 가계금융, 복지조사'에 따르면 중위소득의 50%(2015년 기준, 연소득 1,188만 원) 미만 가구인 빈곤층은 우리나라 국민 6명 중 1명으로 나타났다. 2017년 보건복지부 발표자료에 따르면 65세 이상 노인층 빈곤율은 2013년 48.1%에서 2015년에는 44.8%로 점진적으로 감소하고 있는 추세이며, 실제는 기초연금 지급과 일자리 확대 등의 지원으로 훨씬 줄어들 것으로 기대하고 있다.

극단적인 선택을 하는 노인인구가 점점 늘어나 걱정이다. OECD 평균 자살률은 10만 명당 12명 수준인데, 우리나라는 2.5배나 높은 29명으로 이웃나라 일본에 비해 3배나 높은 수치를 보이고 있다. 참고로 2015년 통계청에 따르면 자살률이 전년대비 70세 이상을 제외한 전 연령층에서 감소했지만, 유독 70대(8.5%)와 80세 이상(6.4%) 노인들의 자살률만 크게 늘었다. 여기에는 여러 요인이 있겠지만 경제적 어려움, 신체 질환, 외로움, 가족관계 갈등(가족과의 불화) 등이 원인으로 나타났다.

우리나라는 세계 10대 경제대국으로 국민소득 3만 불 시대를 앞두고 있다. 그럼에도 불구하고 우리나라 노인이 유독 가난하고 삶의 만족도가 크게 떨어지는 이유는 무엇일까? 무엇보다 대다수 노인들이 노후 준비가 안 된 상태에서 빠른 퇴직에 따른 소득 상실이 원인으로 꼽힌다. 일부 기업은 40대 후반, 50대 초반에 직장에서 나오게 되는데, 퇴직 후 재취업이 어려운 게 엄혹한 우리 사회 실정이다.

우리나라 노인의 연금 소득대체율을 살펴보면 2012년 기준 45.2%로 OECD 34개 회원국 중 28위에 불과했다. OECD 회원국 평균인 65.9%와 주요 국제기구가 권고하는 70~80%와 비교해도 한참 낮은 수준이어서 노인의 빈곤 문제를 해소하기 위한 획기적인 노력이 절실하다.

노인 빈곤 해결 위한 재정지원 대책

고령화시대를 맞은 노인의 빈곤 문제를 해결하기 위한 대책은 여러 가지로 생각해볼 수 있다. 직접적인 방법으로 정년 연장과 공적 연금 체계 강화, 그리고 노인의 일자리 확대와 고령자 취업

여건 조성 등의 노력이 이뤄져야 한다.

정년연장 | 정년 연장은 매우 필요한 사안이다. 세계적으로 정년을 연장하는 추세이고 가까운 일본도 65세 정년을 추진하고 있다. 우리나라는 2017년부터 300인 미만 사업장까지 60세 정년이 법적으로 의무화 되고 있으나, 지속적으로 정년을 65세까지 단계적으로 확대하고 임금 피크제 적용 등의 대책을 강구해야 한다.

공적연금 강화 | 현재 우리나라의 노후 소득 보장 체계가 가지고 있는 문제는 복잡하지만 시급성에는 우선순위가 있다. 우리나라는 선진국에 비교해볼 때 공적연금 가입률과 수령액도 상대적으로 낮은 편이라 은퇴 직후에 많은 사람들이 소득 절벽에 빠질 수밖에 없다. 노후 보장과 관련된 대표적인 공적연금은 기초연금과 국민연금이며,

노인 빈곤 문제의 해결은 기초연금 강화가 가장 우선시 되어야 한다.

정부는 2014년 7월부터 기초노령연금을 확대 개편하여 65세 이상 노인 중에서 소득하위 70%에게 매달 약 20만 원의 기초연금을 주고 있다. 절대 빈곤층의 노인을 지원하고 국민연금 사각지대에 있는 노인을 직접 지원하는 가장 현실적인 대책은 이 기초연금을 늘리는 일이다.

기초연금 상승률은 매년 소비자 물가상승률과 연계하여 조정하였다. 기초연금 급여의 물가연동 방식을 소득증가율과 연동하도록 바꾸어 평균적인 생활수준 변화에 맞춰 급여가 조정되도록 보완해야 한다. 기초연금과 국민연금 가입기간과의 연동을 제고하고 기초생활수급 노인도 기초연금 급여를 충분히 받을 수 있도록 보완이 필요하다.

노년연가

국민연금은 1995년 전 국민을 대상으로 적용범위가 확대되었으나 보험료 체납자 미가입자 등 사각지대 인구가 전체 가입자의 1/4 수준인 561만 여명에 이른다고 한다. 이 국민연금 수급은 일정기간 이상의 기여를 조건으로 하므로 현재 빈곤한 노인의 대부분은 국민연금의 혜택을 볼 수 없다는 문제가 있다.

당장은 사각지대가 아니라도 충분하지 못한 급여로 인한 빈곤의 위험을 감소시켜야 하며, 제도의 지속 가능성을 높이고 미래세대의 부담을 해소하는 노력이 요구된다. 따라서 기초연금과 함께 국민연금의 사각지대를 없애는 정책을 우선으로 하고 급여수준 제고는 현재 연금 수급액이 낮은 계층을 고려해야 한다. 고소득층이 좀 더 많이 부담하는 방식을 강구하는 한편, 장기적 과제로 국민연금의 소득대체율을 높이는 방안을 심층 깊게 검토해야 할 것이다.

노인의 맞춤형 일자리 제공 | 노인의 빈곤과 고독감을 해소하기 위해서는 노인의 사회참여 기회를 확충하고 맞춤형 일자리를 제공해주는 것이 가장 효과적이다. 지금까지 정부와 지자체에서는 노인 일자리를 매년 5만개씩 늘려 2017년 현재 43만 7,000개에 이르고 있다. 취업, 창업, 재능 나눔, 자원봉사활동, 시니어 인턴십 등의 다양한 사업을 추진하고 있으나 일하고 싶어 하는 노인에 비해 일자리가 현저히 부족한 실정이다.

2016년 한국노인인력개발원의 조사결과에 따르면 고령층(55~79세)의 61.2%가 일하고 싶어 하고 있으며, 60세 이상 노인일자리 중 월 50만 원 이하가 45.7%로 가장 많은 가운데, 100만 원 미만이 70%나 되었다. 일자리 내용도 농어업이나 경비청소관련업이 대부분을 차지했다.

노인 일자리 정책 보완 | 노인의 일자리 참여와 일자리 수의 증가가 필요하다는 것은 누구나 주지하고 있는 사실이다. 노인일자리를 늘리는 한편 노인이 일할 수 있도록 지원하는 정책적 배려와 제도적 장치도 준비해야 한다. 일본의 경우, 고령화비율이 24% 이상이다. 노인이 일하지 않으면 안 될 사회적 분위기 때문인지 몰라도 노인의 노동 여건을 우선적으로 고려한다. 특히 고속도로 요금소나 대형마트 경우에 자동화 시스템을 적용하지 않고, 노인의 일자리로 활용하여 적은 보수로도 많은 노인들이 일하게 함으로써 사회참여와 소득 보전, 노인 건강증진 등 일석삼조의 효과를 거두고 있다.

우리나라도 노인의 여건과 능력에 부합한 맞

춤형 일자리를 늘려 나가야 한다. 노인 취업에 있어 지하철 택배, 학교급식 도우미, 베이비시터 등의 단순 노무직 확대와 더불어 고학력 은퇴자들의 증가에 발맞춘 통번역, 시니어 IT전문가, 실버코디네이터, 재무설계사, 시니어정보기술사업단 등 전문성을 발휘할 수 있는 일자리 역시 늘리는 접근이 필요하다.

청년 일자리와 노인 일자리의 차이점을 적극 홍보하여 노인들이 청년 일자리를 잠식하는 게 아니라는 점도 강조되어야 한다. 노인들에게 특화된 틈새시장과 정규인력을 보완하는 차원의 일로 국가경제에 기여한다는 사실을 인식시켜 세대 간의 갈등을 사전에 차단할 필요가 있다.

나아가 노인 일자리 정책을 구상하고 방향을 제시할 수 있는 대통령 직속의 일자리창출특별위원회와 노인종합일자리 5개년 계획을 수립하여 지속적인 추진을 도모해야 한다. 국가 및 공공기관 뿐 아니라 기업에서도 일정 인원의 고령자 취업과 임금 피크제 등의 법적 강화 조치를 적극 반영하고 기업에서 고령자 취업 시 일정 금액의 보전이나 세제 혜택 등을 부여하는 방안의 검토도 요구된다.

고령사회 노인층을 위한 기타 제언

노인복지청 설립 | 노인복지에 관한 사무는 보건복지부 저출산고령사회 정책실에서 담당한다. 그런데 노인인구 10.3%이었던 2008년에 노인전담 부서는 4개과가 있었는데 노인인구가 14%에 도달한 현 시점에도 동일하다. 노인복지 정책에 관한 업무는 정부 11개 부처에 20여개 과에 분산, 수행하고 있어 복잡하고 다양한 노인의 복지 욕구와 충족을 효과적으로 대처하는 구심점에 대한

제도적 정비가 시급하다.

　미국, 호주, 프랑스 등 복지선진국들은 이미 노인복지 전담 부처가 설립되어 있으며, 미국의 경우에는 1965년 노인인구가 9% 수준이었을 때 이미 노인복지청을 설립하여 고령화 사회에 선제 대응하였다. 따라서 우리나라도 보건복지부에 노인복지정책을 통합적이고 전문적으로 전담할 노인복지청을 신설하여 고령사회에 효과적으로 대처해야 한다.

노인전문교육원 운영 | 우리 노인들이 국가와 사회에 기여하고 조정자, 통합자, 중재자의 역할을 다하기 위해서는 '부양 받는 노인이 아니라 사회를 책임지는 노인'의 비전을 바탕으로 노인들부터가 자각하고 변해야 한다. 이를 위해 노인들에게 평생교육을 통해 연장된 현역사회를 구현하고

의식개혁과 노인 지도자 교육 등을 실시하여 사회의 어른으로서 역할과 자세를 견지하도록 할 필요가 있다.

노인들에게 교육과 힐링, 치유를 전담하여 지원할 수 있는 노인전문교육원을 설립하여 노인을 국가의 인력자원으로 육성하고, 적은 예산으로 재능과 경험을 가진 노인 인력을 강화하여 적재적소에 활용함으로써 효과를 극대화하고 미래에 대비하는 노력이 강구되어야 한다.

예비 노인의 전문적 관리대책 강구 | 고령사회에 효과적으로 대응하기 위해서는 현재 노인도 중요하지만 잠재적 노인(예비 노인)에 대한 선제적 관리도 병행되어야 한다. 예비 노인에 대해 고령자 교육지원제도를 장려하여 은퇴 전 전직 교육을 실시하고 노인 관련 기관과 이모작지원센터 등을

활용해야 한다. 노인 인식개선, 고령자 적응 교육과 취·창업 지원, 자산 관리, 노후 관리, 자원봉사 등 사회참여 방안에 대한 교육을 실시하고 봉사활동이나 취업 관련 시설과 연계하는 컨설팅도 필요하다.

노인층 대변하는 구심점 절실 | 고령화 문제의 심각성은 어제 오늘의 이야기가 아니다. 오히려 고령화 문제를 담당할 인력이 턱없이 부족하다는 것이 더 심각한 문제이다. '사회 고령화'를 우려만 하고 있을 뿐, 누군가 나서서 책임지고 나갈 주체가 없다. 그래서 '노인복지청' 신설과 노인의 권익을 담당할 국회의원 비례대표 선출을 줄기차게 주장한 이유이기도 하다.

노인복지청 신설은 노인 정책을 담당하는 많은 정부기관이 갈라져 있는데, 이를 하나로 통합해 보다 일관성 있게 정책을 추진해 나가자는 취지에서다. 노인은 장애를 안고 있는 경우도 많아 장애인 정책과 중복되는 측면이 있고, 경제적인 어려움을 보조해 줄 기초생활 수급 정책과 겹치기도 한다. 또, 여기 저기 아픈 경우도 많은 만큼 국민건강정책의 일부분을 차지하기도 한다.

현재 국회의원 가운데도 노인이라 할 만한 분들이 있기는 하지만, 노인층을 본격적으로 대변할 국회의원이 꼭 필요하다는 입장이다. 사회 여러 계층의 이익을 대변하는 비례대표 국회의원이 있는데, 사회의 1/3을 구성하는 노년층의 목소리를 대신해 줄 국회의원이 없는 상황이다.

인구 노령화는 비단 우리만의 문제가 아니다. 세계적으로도 노령인구의 권익을 위한 여러 가지 움직임이 일어나고 있다. 지난 2006년에 70세 이상 노인들을 주축으로 이루어진 이스라엘의 한 정당이 국회의원 선거에서 7석을 얻어 세계적으로 화제가 된 적이 있는데, 신생 노인당 '길Gil'이 그 주인공이다. 히브리어로 '나이'를 뜻하면서 '의회진출을 위한 이스라엘 연금자들'의 약자이기도 한 GIL당의 평균 연령은 72세였다.

이들은 노인권익 증대를 공약으로 내걸어 뜻밖의 성과를 거뒀다. 이들의 성공은 무엇을 뜻하는가? 이제는 노인층이 사회의 중요한 계층적 부분을 차지하고 있다는 의미가 크다.

이스라엘의 고령화는 우리보다도 앞서 있다. 고령화로 인한 연금 부족, 노인 부양, 복지 대책과 같은 여러 문제들을 앞서 겪었고, 여전히 진행 중이다. GIL당은 집권당이 의회의 반수를 넘지 못하는 이스라엘에서 당시 결코 무시할 수 없는 캐스팅보트 역할을 했다. '우리가 일어섰다'라는 구호가 적힌 티셔츠를 입고 대학가를 활보한 할머니들은 이스라엘 정가의 주요한 정책 입안자가 되어 노인 인구의 권익을 위해 활발한 활동을 펼쳤다.

그동안 우리나라에서 유소년 대책, 청장년 대책, 출산 대책, 저소득자 대책, 장애인 대책 등 사회의 한 부분을 차지하는 구성원의 권익을 대변하는 정부 조직이나 대의를 담당하는 비례대표는 있었지만, 노인만을 전담하는 기구나 대의제도는 사실상 전무했다고 봐야 한다. 노인 중에서 경제적 약자를 위한 기구나 장애를 안고 있는 노인을 보살피는 경우는 있었지만, 노인의 상황을 전담하는 기구는 없었다는 뜻이다.

이제는 노인을 위한 전문적인 제도적, 기구적

대안이 마련되어야 할 때이다. 현재 젊은 세대들은 이후에 상당히 긴 기간을 노인으로 살아갈 것이다. 인구의 1/3, 그리고 인생의 1/3이 될 '노인' 계층에 대해 대표할 만한 기구와 대표자를 선임하자는 주장은 당연하다.

앞으로의 노인은 이전의 노인과는 많은 부분에서 다른 특징을 지닌다. 신체적으로 건강하고 정신적으로 총기를 지닐 것은 물론이요, 새로운 소비의 주체가 될 것이다. 신新노인 사회를 대비한 여러 가지 연구와 제도가 필요한 이유이다. 젊은이 못지않은 건강을 유지하면서 현대문명을 즐길 수 있는 지적 능력을 갖춘 노인들이라면 정치, 경제, 사회, 문화 등 다방면에서 중심축으로서의 역할이 가능하다.

국회의원 선거의 비례대표에 노인을 배정하는

것은 일회성 이벤트가 될 수 없다. 다음 선거 때가 되면 지금보다 노인의 수는 더 늘어날 것이고, 노인의 사회활동과 역할에 대한 관심 또한 지금보다 커질 것이기 분명하기 때문이다.

고령사회 접어든
대한민국,
노인복지 과제는?

● 대한민국헌정회 월간 헌정지 /
2018. 2.

우리나라가 공식적으로 고령사회에 진입했다. 행정안전부가 2017년 9월 발표한 통계자료에 따르면 65세 이상 노인인구는 725만명으로 전체 인구의 14%에 도달했다. 유엔UN은 65세 이상 노인인구가 전체 인구의 7%를 넘으면 고령화사회, 14%를 넘으면 고령사회, 20% 이상이면 초고령사회로 분류하고 있다. 지난 2000년에 고령화사회

노년연가

를 맞이한 지 17년 만에 우리나라는 다시 고령사회에 접어든 것이다. 더욱이 통계청은 8년 후인 2026년에는 초고령사회로 진입할 것이라고 예상하는 가운데, 대한민국의 고령화 속도는 현재 세계에서 제일 빠르다.

이처럼 급박하게 전환되는 노년의 시대상은 보건복지부가 3년 마다 실시하는 〈노인실태조사〉를 통해 낱낱이 들여다 볼 수 있다. '노인복지법 제5조'에 의해 법제화된 이래 2008년을 시작으로 2014년까지 세 번째로 실시된 조사이다. 노인 1만451명을 대상으로 가치관, 건강, 가족관계, 생활만족도, 경제활동 및 소득, 사회활동 등 다양한 항목에 대해 전국 면접조사를 통해 실시된 실증적인 문헌으로 노인사회를 이해하는 귀중한 자료라 할 만하다.

도심 뒷골목에서

폐지를 줍는 노인을 일상적인

모습으로 받아들여서는 안 된다.

노인의 빈곤을 그저

개인의 사정으로 생각하는

관점이야말로 노인 문제 해결을

가장 어렵게 만드는 원인이다.

노년연가

수백 쪽에 이르는 연구결과에는 고령화사회에서 고령사회로 넘어가는 시대적 변화와 흐름에 따른 노인, 노인생활, 노인문제의 실상이 고스란히 드러난다. 이러한 노인실태조사가 노인 정책의 초석이 되어 성큼 다가온 고령사회를 현명하게 맞이하기를 기대하면서, 광범위한 결과 중 주목할 만한 몇 가지 내용을 짚어보고자 한다.

우리나라 노인 중 23%는 혼자 산다

가장 먼저 노인의 거주 형태와 가족관계의 변화가 눈에 띈다. 불과 50~60년 전만 하더라도 우리나라 노인의 대부분은 농어촌에서 생활하였으나, 21세기 현재 76.6%의 노인이 도시지역에 생활하며 34.7%가 아파트에 거주한다. 가장 놀라운 결과는 2014년 노인 단독가구는 전체의 67.5%이며, 독거노인가구 비율이 23%에 달해 4명 중 1명은 혼자 사는 셈이다. 특히, 농어촌 지역의 경우

노인 4명 중 1명이 80대 이상이라는 점은 정책적 함의가 크다. 이른바 4苦(病苦, 貧苦, 孤獨苦, 無爲苦)에 처하기 쉬운 80대 이후 노인에게 인간적인 삶을 영위할 수 있는 대책과 방안이 시급하다.

사회적인 합의가 전제되어야 하겠지만, 노인 복지 정책의 대상이 되는 노인에 대한 개념도 새로운 설정이 필요할 듯싶다. 우리나라의 노인 대부분(78.3%)이 노인 연령기준을 70세 이상으로 보고 있다는 조사결과에서 확연한 인식 변화를 읽을 수 있다. 평균 수명의 연장으로 그만큼 노인층이 젊어지고 있다는 변화가 반영된 결과일 텐데, 이런 추세에 발맞춘 자립적인 노년상 확립을 노인 정책의 기조로 삼아야 할 것으로 판단된다.

아직도 생활비 마련을 위해 일하는 노인(28.8%)이 많다. 노인가구의 소득이나 지출 수준

노년연가

을 보면 경제생활면에 취약한 상황을 여실히 확인할 수 있다. 연금으로 생활하는 노인도 적고 연금 수준도 노후생활 보장에 크게 미치지 못한다. 이런 녹녹치 않은 노인의 경제적 생활을 일정 수준까지 끌어올리는 이원적 노인복지 정책이 필요한 대목이다.

노인소득 보장 정책을 강화하면서, 다른 한편으로는 진정한 의미의 노인복지인 고령자 일자리를 늘려 나가야 한다. 노인 일자리 사업은 소득 보전을 통한 빈곤을 감소시킬 뿐만 아니라 의료비 절감, 심리적 만족도와 사회적 관계를 넓히는 등 많은 긍정적인 효과를 낳는 핵심 사안이다.

노인들의 사회활동 참여와 여가활동에도 변화가 보인다. TV 시청(82.4%) 등으로 소일하는 경우가 여전히 많지만, 이제는 친목단체(43.3%), 평생

교육(13.7%), 자원봉사활동(4.5%) 참여 비율이 증가하였다. 경로당 이용률은 2011년 34.2%에서 2014년 25.9%로 하락하였는데, 향후에도 이용률은 점차 낮아질 가능성이 높다. 노인복지관이나 시군구민회관의 이용도 역시나 정체된 상태이다.

상대적으로 대학교나 사설문화센터에서도 아직까지 노인을 대상으로 한 교육프로그램 개발과 제공이 미비하여 이들 민간 영역의 적극적인 참여가 요구된다. 노인의 교육 수준도 상향되어 90%는 읽을 수 있고, 고등학교 교육 이상을 받은 노인도 24.4%로 이들의 높아진 눈높이를 맞출 수 있는 프로그램의 질적인 향상에도 초점을 맞춰야 할 것이다.

노인의 건강생활 측면에도 두 가지 처방이 병행되기를 바란다. 건강하게 장수하는 노인을 위한 지속적인 건강관리체제를 구축하고, 다른 한 편으로는 건강하지 못한 노인을 위한 장기요양 서비스 확대이다. 이번 조사에 1개 이상의 만성질환을 가진 노인이 크게 증가(90.4%) 추세에 있음을 감안할 때, 만성질환을 예방하고 관리하는 의료체계의 개편을 더 이상 늦출 수 없다. 신체적, 정신적, 인지적 기능 저하에 따른 장기요양 수요의 증가에 맞춰 현행 노인장기요양보험제도에 의한 장기요양 서비스 개선 역시 절실하다.

의식불명이거나 가능성이 거의 없는 상태의 연명치료에 대해서는 3.9%만이 찬성하고, 절대 다수인 88.9%가 이를 반대했다. 한편, 자살에 대해 노인의 10.9%가 '생각해 본 적이 있다'고 응답하였으며, 이 중 12.5%는 '실제 자살을 시도한 경험이 있다'고 답했다. 자살을 생각한 이유로는 경제적 어려움(40.4%)이 가장 많았고, 다음이 건강

문제(24.4%)였다. OECD 국가 중 노인자살률 1위라는 오명을 벗어나기 위해선 단순히 정신의학적 접근만이 아닌 사회경제적 측면의 통합적 해법만이 실효성이 있을 것이다.

노년의 마감은 죽음을 통해 결말을 맺는다. 순리에 맞는 죽음을 맞이하기 위해선 제도 이전에 개인적인 준비가 우선되어야 함은 물론이다. 개인별로는 신앙을 갖는 노력도 필요하겠지만, 사후 준비 교육이나 유서, 사전연명의료의향서 작성 등은 소수만이 하고 있으며, 이를 둘러싼 법적 제도적 기반 마련을 위한 관심이 요구된다.

우리나라 헌법은 "모든 국민은 인간으로서의 존엄과 가치를 가지며 행복을 추구할 권리를 가진다"고 행복추구권을 규정하고 있다. 개인의 행복은 인간으로서의 존엄과 가치를 존중받고 실현하는 수단이다. 빠르게 도래한 고령사회에서 노인복지에 관한 담론의 전제는 이 행복추구권을 현실적으로 풀어내는 '주체성'에서 비롯된다.

노인의 행복은 스스로가 삶의 주인공으로 살아갈 수 있을 때 완성된다. 따라서 노인 정책의 대원칙은 노인이 주체성을 유지할 수 있도록 다양한 지원책을 마련하는 데서 출발되어야 한다. 노인실태 조사결과에서 극명하게 발견할 수 있었던 것처럼 우리나라 노인과 노인문제의 성격이 빠르게 변하고 있다는 사실에 주목하고, 그에 따른 현실적인 노인 정책에 대한 지혜가 모아지기를 노인의 한 사람으로서 진심으로 희망한다.

나이 듦에 대한 현실 담론

노년연가 老年戀歌

초판 1쇄 발행 2020년 2월 13일
초판 3쇄 발행 2020년 3월 23일

지은이 이 심
펴낸이 임병기
편집 김연정 | 조성일 | 신기영
디자인 최리빈
사진 변종석
마케팅 서병찬
총판 장성진
관리 이미경
출력 ㈜삼보프로세스
인쇄 북스
용지 영은페이퍼(주)

발행처 (주)주택문화사
출판등록번호 제13-177호
주소 서울시 강서구 강서로 466
우리벤처타운 6층
전화 02-2664-7114
팩스 02-2662-0847
홈페이지 www.uujj.co.kr

정가 10,000원
ISBN 978-89-6603-057-6

이 도서의 국립중앙도서관 출판예정도서목록(CIP)은 서지정보유통지원시스템
홈페이지(http://seoji.nl.go.kr)와 국가자료종합목록 구축시스템(http://kolis-
net.nl.go.kr)에서 이용하실 수 있습니다. (CIP제어번호 : CIP2020005284)